중국어 말하기시험(TSC) 3·4급 대비

초급 중국어 회화

최명숙 지음

최명숙

북경사범대학 대학원 문학박사
현 상명대학교 중국어권지역학 교수

저자는 중국 언어와 문화를 주 연구 분야로 다양한 한중교류 활동과 한중비교 연구에 노력하고 있다. 다년간 중국어를 가르친 경험을 토대로, 그동안 출판한 〈대학생활을 위한 중국어회화〉 단계별 교재를 지속적으로 보완하여 〈말하기시험(TSC)을 대비하기 위한 중국어회화〉 교재 연구와 집필에 매진하고 있다.

현재 또한 중국의 음악 · 공연 분야에 독보적인 연구자로, 인문과 예술 · 미디어의 융복합 연구 등 다양한 활동을 하고 있다.

주요 저서로는 〈응용문습작〉, 〈중국어회화 실력향상〉, 〈중국 대중음악 연구〉 등이 있다.

초급 중국어 회화

초판 1쇄 _ 2019년 9월 10일

저　　자 • 최 명 숙
발 행 인 • 정 현 걸
발　　행 • 신 아 사
인　　쇄 • 토탈프로세스
출판등록 • 1956년 1월 5일 (제9-52호)
주　　소 • 서울특별시 은평구 통일로 59길 4
전　　화 • 02) 382-6411 · 팩스 02) 382-6401
홈페이지 • www.shinasa.co.kr
E-MAIL • shinasa@daum.net

ISBN 978-89-8396-356-7 (93720)

정가 15,000원

머리말

『중국어 말하기시험(TSC) 3 · 4급 대비』

중국과 이웃하고 있는 우리나라에서 중국과 중국어의 중요성은 아무리 강조해도 지나치지 않을 것입니다.

최근에 들어 중국어말하기시험(TSC)은 중국어 자격증 중 HSK 다음으로, 대학교 입학 또는 유학과 공기업, 사기업 취직에 활용하고 있는 자격시험으로 급부상하고 있습니다. TSC는 인터뷰 형식을 도입하여 응시자의 중국어 말하기 능력을 측정하는 시험입니다. 이는 YBM에서 연구 개발하여 일상생활에서의 실제로 의사소통 할 수 있는 회화 응용능력을 전문적으로 평가하고자 하는 시험입니다. 하지만 말하기 시험을 대비하기 위한 강좌나 기출문제를 통해서 좋은 성적을 기대하는 것은 결코 쉽지 않습니다. 또한 대부분의 중국어 교재는 말하기 시험에 대비하기 위한 커리큘럼으로는 적합하지 않기 때문에 별도의 시험 대비용 단계별 교재에 대한 개발이 전략적으로 필요하다 생각됩니다.

저자는 다년간 중국어회화 수업을 해오면서, 중국어말하기 시험의 중요성을 인지하고 그동안의 교수 노하우를 모두 담아 학습자가 중국어말하기 시험에 자연스럽게 대비할 수 있도록 단계별 교재를 집필하기로 하였습니다.

『초급 중국어회화』는 정규교육기관에서 1년 정도 중국어를 배운 학습자를 대상으로 중국어 말하기 시험 3 · 4급을 대비하는 목적으로 편찬된 교재입니다. 저자는 말하기시험 기출문제를 분석하여 중국어 회화 수업을 할 때 자기소개부터 시작해서 일상생활 속에서의 다양한 표현을 구사할 수 있도록 내용을 구성하였습니다. 3 · 4급은 자신과 관련된 화제와 말하기에 대해서는 간단하게 대답할 수 있으며 간단한 문장으로 다른 사람과 대화할 수 있게 됩니다. 자주 쓰는 단어와 기본적인 문법을 사용할 수 있지만 발음과 성조가 부정확하고 어휘가 부족할 수 있으며 종종 실수를 할 수 있는 단계이기도 합니다.

『초급 중국어회화』는 일관된 주인공들이 학습하고 생활하는 데 있어 엮어가는 다양한 상황 회화를 통해 보편적으로 사용하는 대중화된 회화에 초점을 두었습니다. 입으로 바로 바로 나올 때까지 일부 문형에 대해서는 예문과 확장학습을 통해 학습자들이 중국어의 일반적인 규칙을 파악하고,

지시된 그림을 보면서 다양한 말하기 연습 및 활용 연습을 반복합니다. 자주 쓰이는 단어와 문형을 본문과 연습문제에서 반복 연습하여 질문의 의도를 정확하게 파악하고, 복잡한 문장을 피하고 간결하게 표현하며 대화를 하듯 대답을 하는 등 3 · 4급 기출문제를 중점적으로 기획하였습니다.

외국어를 자유자재로 구사한다는 것은 쉽지 않습니다. 그러나 각오와 의지를 가지고, 꾸준히 듣고 말하는 훈련을 반복한다면, 분명히 중국어를 정복할 수 있으리라고 확신합니다.

이 교재는 앞으로도 학습자의 필요와 시대변화에 맞게 적절히 수정되어 나갈 것입니다. 더 많은 학습자들이 이 교재를 통해 자신의 생각을 중국어로 효과적으로 표현할 수 있기를 바랍니다.

2019년 8월 20일

저자 최명숙

이 책의 구성 및 학습 목표

TSC 시험은 아래와 같이 구성되어 있습니다.

제1부분 간단하게 자기 소개하기
제2부분 제시된 그림 보고 대답하기
제3부분 일상생활 화제에 신속하게 대화 완성하기
제4부분 일상생활 화제별로 간단하게 대답하기
제5부분 자신의 견해를 논리적으로 확장하여 대답하기
제6부분 문제 상황에 적절히 대응하는 답변하기
제7부분 연속된 그림을 보고 스토리 구성하기

1. 본 문에서는 TSC 시험문제 및 형식을 적용하여 분산되어 있는 문제들을 주제별, 레벨별로 대화내용을 구성하였습니다.
2. 본 문에서는 제2~4부분 문제를 중심으로 비교적 쉬운 난이도의 주제로 본문을 전개하였습니다.
3. TSC인터뷰 시험형식을 도입하여 중국어 말하기를 반복할 수 있는 교재로 활용할 수 있도록 구성하였습니다.
4. 말하기연습에서 질문에 해당한 정답은 유용한 표현들을 적용하도록 본문내용을 구성하였습니다.

강의지침

1. 선생님이 직접 발음 시범을 보여주고, 학생들이 따라서 발음합니다.
2. 선생님이 한 구절 한 구절 읽고, 학생들을 따라 읽게 합니다.
3. 선생님은 말투를 좀 더 부드럽게 표현하는데 도움을 주는 어기조사 '啊, 呀, 呦, 呢, 吧, 啦, 嘛, 呗'를 자연스럽게 사용하도록 시범을 보여줍니다.
4. 학생은 2인 1조로 회화를 읽되 회화내용을 최대한 암기합니다.

각 과의 학습목표 및 내용을 한눈에 쉽게 이해하고 핵심문장을 파악할 수 있도록 구성했습니다.

각 과의 주요 표현을 쉽게 이해하고 본문의 내용을 파악할 수 있도록 한글로 그림과 함께 보여 줍니다.

본문에 나오는 단어를 알아보기 쉽게 정리하여, 본격적인 학습에 들어가기 전에 새로 배울 단어를 소리 내어 읽고 반복하도록 합니다.

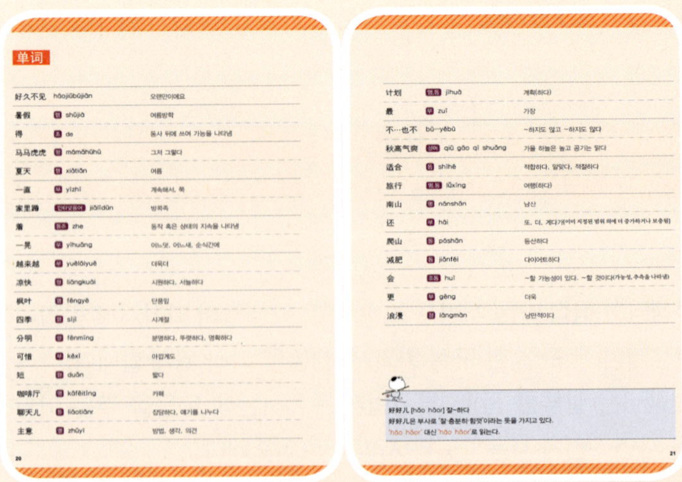

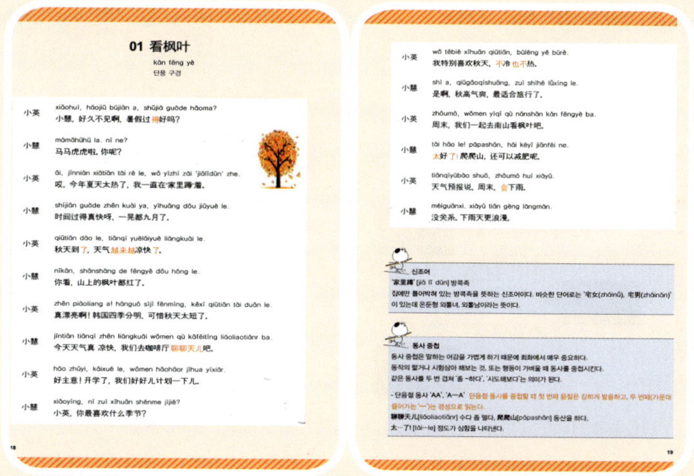

실제 생활에서 일어날 수 있는 다양한 상황별 대화문을 수록했습니다. 한 과당 2개의 상황별 회화와 핵심어휘로 구성되었습니다. 또한 본문에서는 어기조사 '啊, 呀, 呦, 啦, 嘛, 呗'를 반복적으로 사용하여 긍정, 감탄, 동의 등 의미와 동시에 말투를 좀 더 부드럽게 표현하도록 목적을 두었습니다.

각 과의 학습한 주요 어법을 익히고 심화하는 연습을 합니다. 예문과 연습하기를 통해 문장에 쓰인 용법을 이해하고 배운 주요 어법을 다시 한 번 익혀 중국어 응용 실력을 높입니다.

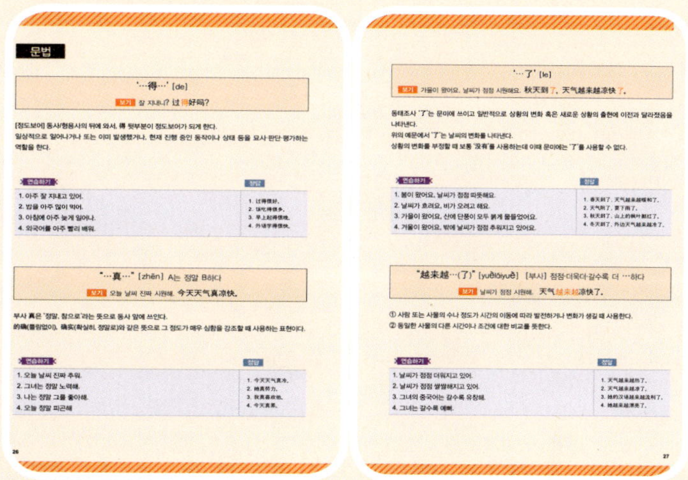

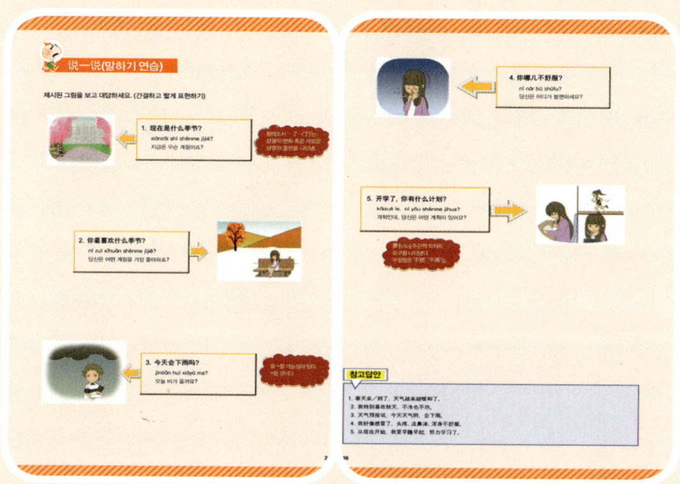

주어진 그림을 보고 제시된 단어 및 문형을 응용하여 자연스럽게 대화할 수 있도록 말하기 능력을 키웁니다. 이는 학습한 내용들을 정확히 이해했는지 확인하는 말하기시험의 단계 별 기출문제이므로 반드시 숙지하고 암기하세요!

중국의 최근 영화, 드라마의 명대사를 통하여 일상생활에서 활용할 수 있도록 익혀 중국어실력을 높입니다.

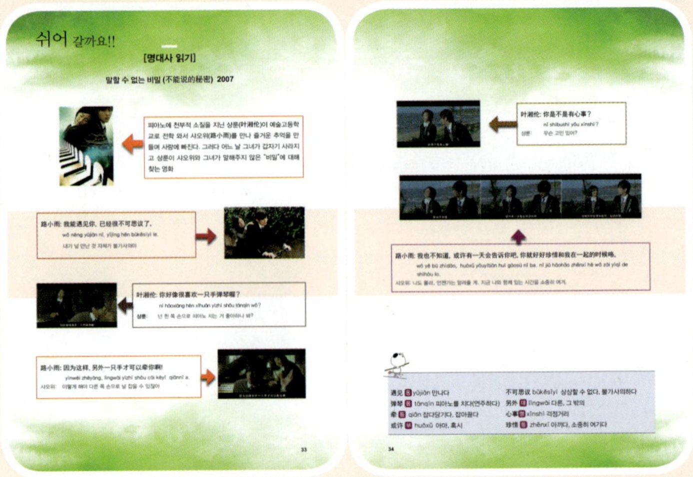
쉬어 갈까요!!

[명대사 읽기]

말할 수 없는 비밀 (不能说的秘密) 2007

피아노에 천부적 소질을 지닌 상룬(叶湘伦)이 예술고등학교로 전학 와서 샤오위(路小雨)를 만나 즐거운 추억을 만들며 사랑에 빠진다. 그러다 어느 날 그녀가 갑자기 사라지고 상룬이 샤오위와 그녀가 말해주지 않은 "비밀"에 대해 찾는 영화

路小雨: 我能遇见你, 已经很不可思议了.

叶湘伦: 你好像很喜欢一只手弹琴喔?

路小雨: 因为这样, 另外一只手才可以牵你啊!

33

叶湘伦: 你是不是有心事?

nǐ shìbushì yǒu xīnshì?

상룬: 무슨 고민 있어?

路小雨: 我也不知道, 或许有一天会告诉你吧, 你就好好珍惜和我在一起的时候咯.

遇见 동 yùjiàn 만나다

弹琴 동 tánqín 피아노를 치다(연주하다)

牵 동 qiān 잡다당기다, 잡아끌다

或许 부 huòxǔ 아마, 혹시

不可思议 bùkěsīyì 상상할 수 없다, 불가사의하다

另外 대 lìngwài 다른, 그 밖의

心事 명 xīnshì 걱정거리

珍惜 동 zhēnxī 아끼다, 소중히 여기다

34

이 책의 등장인물

朴秀英 piáo xiù yīng
(박수영)
샤오잉 (小英)

全智慧 quán zhì huì
(小慧)
샤오후이(전지혜)

金永民 jīn yǒng mín
(永民)
용민(김영민)

CONTENST

중국어 말하기시험(TSC) 3·4급 대비

초급 중국어 회화

01

喜欢什么季节?

xǐ huān shén me jì jié?

무슨 계절을 좋아합니까?

학습 목표

- 계절에 관한 표현을 익힐 수 있다.
- 날씨에 관한 표현을 익힐 수 있다.
- 건강에 관한 표현을 익힐 수 있다.

학습 내용

♪ …了…了 상황변화를 사용한 표현
♪ 不…也不… A하지도 않고 B하지도 않다
♪ 一…就… …하자 곧, …하게 되자 …하다, …하니 …하게 되다
♪ 会 …할 가능성이 있다. …할 것이다.
♪ 동사 중첩

核心句 핵심문장

01. 秋天到了，天气越来越凉快了。

qiūtiān dào le, tiānqì yuèláiyuè liángkuài le.

02. 我特别喜欢秋天，不冷也不热。

wǒ tèbié xǐhuān qiūtiān, bùlěng yě búrè.

03. 我们去咖啡厅聊聊天儿吧。

wǒmen qù kāfēitīng liáoliaotiānr ba.

04. 我好像感冒了，头疼、流鼻涕、浑身不舒服。

wǒ hǎoxiàng gǎnmào le, tóuténg、liú bítì、húnshēn bù shūfu.

05. 一到换季就咳嗽、嗓子疼。

yídào huànjì jiù késou、sǎngzi téng.

06. 秋天，正是读书的好季节!

qiūtiān, zhèngshì dúshū de hǎo jìjié!

01 주요표현

가을이야. 날씨가 점점 시원해
산에 단풍이 다 붉게 물들었어
넌 무슨 계절을 좋아해?
난 특히 가을을 좋아해,
춥지도 덥지도 않으니까
주말에 우리 같이 단풍구경 갈까?
완전 좋아!
등산도 하고 다이어트도 될 거야

01 看枫叶

kàn fēng yè

단풍 구경

小英　xiǎohuì, hǎojiǔ bújiàn a, shǔjià guòde hǎoma?
小慧，好久不见啊，暑假过得好吗？

小慧　mámǎhūhū la. nǐ ne?
马马虎虎啦。你呢？

小英　āi, jīnnián xiàtiān bǐ qùnián rè, wǒ yìzhí zài 'jiālǐdūn' zhe.
哎，今年夏天比去年热，我一直在'家里蹲'着。

小慧　shíjiān guòde zhēn kuài ya, yìhuǎng dōu jiǔyuè le.
时间过得真快呀，一晃都九月了。

小英　qiūtiān dào le, tiānqì yuèláiyuè liángkuài le.
秋天到了，天气越来越凉快了。

小慧　nǐkàn, shānshàng de fēngyè dōu hóng le.
你看，山上的枫叶都红了。

小英　zhēn piàoliang a! hánguó sìjì fēnmíng, kěxī qiūtiān tài duǎn le.
真漂亮啊！韩国四季分明，可惜秋天太短了。

小慧　jīntiān tiānqì zhēn liángkuài wǒmen qù kāfēitīng liáoliaotiānr ba.
今天天气真凉快，我们去咖啡厅聊聊天儿吧。

小英　hǎo zhǔyi, kāixué le, wǒmen hǎohāor jìhua yíxiàr.
好主意！开学了，我们好好儿计划一下儿。

小慧　xiǎoyīng, nǐ zuì xǐhuān shénme jìjié?
小英，你最喜欢什么季节？

小英　wǒ tèbié xǐhuān qiūtiān, bùlěng yě búrè.
我特别喜欢秋天，不冷也不热。

小慧 shì a, qiūgāoqìshuǎng, zuì shìhé lǚxíng le.
是啊，秋高气爽，最适合旅行了。

小英 zhōumò, wǒmen yìqǐ qù nánshān kàn fēngyè ba.
周末，我们一起去南山看枫叶吧。

小慧 tài hǎo le! pápashān, hái jiánjiǎnféi.
太好了！爬爬山，还减减肥。

小英 tiānqìyùbào shuō, zhōumò huì xiàyǔ.
天气预报说，周末会下雨。

小慧 méiguānxi. xiàyǔ tiān gèng làngmàn.
没关系。下雨天更浪漫。

신조어

家里蹲 [jiā lǐ dūn] 방콕족

집에만 틀어박혀 있는 방콕족을 뜻하는 신조어이다. 비슷한 단어로는 '宅女(zháinǚ), 宅男(zháinán)'이 있는데 은둔형 외톨녀, 외톨남이라는 뜻이다.

동사 중첩

동사 중첩은 말하는 어감을 가볍게 하기 때문에 회화에서 매우 중요하다.
동작의 짧거나 시험삼아 해보는 것, 또는 행동이 가벼울 때 동사를 중첩시킨다.
같은 동사를 두 번 겹쳐 '좀 ~하다', '시도해보다'는 의미가 된다.

- 단음절 동사 'AA', 'A一A' 단음절 동사를 중첩할 때 첫 번째 음절은 강하게 발음하고, 두 번째(가운데 들어가는 '一')는 경성으로 읽는다.

聊聊天儿 [liáoliaotiānr] 수다 좀 떨다, 爬爬山 [pápashān] 등산을 하다

太…了 [tài…le] 정말 ~하다

예 太好了!

太는 '지나치게 몹시'라는 의미의 부사이다. 주로 뒤쪽에 了가 나오는데 이때의 了는 감탄이나 과장의 어기를 강조하는 역할을 한다.

单词

好久不见		hǎojiǔbújiàn	오랜만이에요
暑假	명	shǔjià	여름방학
得	조	de	동사·형용사 뒤에 쓰여, 가능·결과·정도를 나타냄
马马虎虎	형	mámǎhūhū	그저 그렇다
夏天	명	xiàtiān	여름
一直	부	yìzhí	계속해서, 쭉
家里蹲	인터넷용어	jiālǐdūn	방콕족
着	동조	zhe	동작 혹은 상태의 지속을 나타냄
一晃	부	yìhuǎng	어느덧, 어느새, 순식간에
越来越	부	yuèláiyuè	더욱더
凉快	형	liángkuài	시원하다, 서늘하다
枫叶	명	fēngyè	단풍잎
四季	명	sìjì	사계절
分明	형	fēnmíng	분명하다, 뚜렷하다, 명확하다
可惜	부	kěxī	아깝게도
短	형	duǎn	짧다
咖啡厅	명	kāfēitīng	카페
聊天儿	동	liáotiānr	잡담하다, 얘기를 나누다

단어	품사 / 병음	뜻
主意	명 zhǔyì	방법, 생각, 의견
计划	명,동 jìhuà	계획(하다)
最	부 zuì	가장
不…也不	bù…yěbù	~하지도 않고 ~하지도 않다
秋高气爽	성어 qiūgāoqìshuǎng	가을 하늘은 높고 공기는 맑다
适合	동 shìhé	적합하다, 알맞다, 적절하다
旅行	명,동 lǚxíng	여행(하다)
南山	명 nánshān	남산
还	부 hái	또, 더, 게다가(이미 지정된 범위 외에 더 증가하거나 보충됨)
爬山	동 páshān	등산하다
减肥	동 jiǎnféi	다이어트하다
会	조동 huì	~할 가능성이 있다, ~할 것이다(가능성, 추측을 나타냄)
更	부 gèng	더욱
浪漫	형 làngmàn	낭만적이다

好好儿 [hǎo hāor] 잘 ~하다
好好儿은 부사로 '잘 · 충분히 · 힘껏'이라는 뜻을 가지고 있다.
'háo hǎor' 대신 'hǎo hāor'로 읽는다.

02 주요표현

어디가 불편해?
감기인가봐. 머리가 아프고 콧물에 온 몸이 불편해
병원은 갔어?
나도 환절기만 되면 기침 하고 목이 아파
걱정 마. 고질병인걸
지금부터 일찍 일어나고 열심히 공부할 거야
가을은 딱 독서하기 좋은 계절이야

02 老毛病

lǎo máo bìng

고질병

小英 xiǎohuì, nǐ nǎr bù shūfu a?

小慧，你哪儿不舒服啊?

小慧 wǒ hǎoxiàng gǎnmào le, tóuténg、liú bítì、húnshēn bù shūfu.

我好像感冒了，头疼、流鼻涕、浑身不舒服。

小英 qù yīyuàn le ma? bié wàngle chīyào a!

去医院了吗? 别忘了吃药啊!

小慧 búyòng dānxīn, lǎo máobìng le.

不用担心，老毛病了。

小英 āi, wǒyě yíyàng, yídào huànjì jiù késou、sǎngzi téng.

哎! 我也一样，一到换季就咳嗽、嗓子疼。

小慧 zuìjìn báitiān rè, zǎowǎn liáng, zhùyì bǎonuǎn a.

最近白天热，早晚凉，注意保暖啊!。

小英 kāixué le, wánr de shíjiān yuèláiyuè shǎo le.

开学了，玩儿的时间越来越少了!

小慧 tiāntiān shàngkè, yě bùnéng shuì lǎnjiào.

天天上课，也不能睡懒觉。

小英 cóng xiànzài kāishǐ, wǒ yào zǎoshuìzǎoqǐ, nǔlì xuéxí le.

从现在开始，我要早睡早起，努力学习了。

小慧　wǒ yě juéxīn duō kànshū, duō yùndòng.
我也决心多看书, 多运动。

小英　wǒmen yìqǐ jiāyóu ba.
我们一起加油吧!

小慧　qiūtiān, zhèngshì dúshū de hǎo jìjié !
秋天，正是读书的好季节!

小英　qiūtiān, yěshì shōuhuòde jìjié !
秋天，也是收获的季节!

单词

舒服	형 shūfu	편안하다, 쾌적하다
好像	동 hǎoxiàng	~마치 한 것 같다
感冒	명,동 gǎnmào	감기(에 걸리다)
头疼	명,동 tóuténg	두통, 머리가 아프다
流	동 liú	흐르다
鼻涕	명 bítì	콧물
浑身	명 húnshēn	온몸
不舒服	동 bùshūfu	불편하다
药	명 yào	약
担心	동 dānxīn	염려하다, 걱정하다
老毛病	명 lǎomáobìng	고질, 지병
一…就…	yī…jiù…	~하자마자 ~하다, ~하기만 하면 ~하다
换季	명,동 huànjì	환절기, 계절이 바뀌다
咳嗽	명,동 késou	기침(하다)
嗓子	명 sǎngzi	목, 목소리, 목청
疼	동 téng	아프다
凉	형 liáng	서늘하다, 차갑다
注意	동 zhùyì	주의하다
保暖	동 bǎonuǎn	보온하다, 따뜻하게 유지하다
玩儿	동 wánr	놀다, 여가를 즐기다
睡懒觉	shuìlǎnjiào	늦잠을 자다
开始	명,동 kāishǐ	시작(하다)
早睡早起	zǎoshuìzǎoqǐ	일찍 자고 일찍 일어나다
努力	명,동 nǔlì	노력(하다)
决心	명,동 juéxīn	결심(하다), 다짐(하다)
加油	동 jiāyóu	힘을 내다, 응원하다
正(是)	zhèng(shì)	바로 …(이다), 마침 …(이다)
收获	명,동 shōuhuò	수확, 성과, 수확하다

문법

"…得…" [de]

보기 잘 지내니? 过得好吗?

[정도보어] 동사 · 형용사의 뒤에 와서, 得 뒷부분이 정도보어가 되게 한다.
일상적으로 일어나거나 또는 이미 발생했거나, 현재 진행 중인 동작이나 상태 등을 묘사 · 판단 · 평가하는 역할을 한다.

연습하기

1. 아주 잘 지내고 있어.
2. 밥을 아주 많이 먹어.
3. 아침에 아주 늦게 일어나.
4. 외국어를 아주 빨리 배워.

정답

1. 过得很好。
2. 饭吃得很多。
3. 早上起得很晚。
4. 外语学得很快。

"…真…" [zhēn] A는 정말 B하다

보기 오늘 날씨 진짜 시원해. 今天天气真凉快。

부사 真은 '정말, 참으로'라는 뜻으로 동사 앞에 쓰인다.
的确(틀림없이), 确实(확실히, 정말로)와 같은 뜻으로 그 정도가 매우 심함을 강조할 때 사용하는 표현이다.

연습하기

1. 오늘 날씨 진짜 추워.
2. 그녀는 정말 노력해.
3. 나는 정말 그를 좋아해.
4. 오늘 정말 피곤해

정답

1. 今天天气真冷。
2. 她真努力。
3. 我真喜欢他。
4. 今天真累。

“…了” [le]

보기 가을이 왔어요, 날씨가 점점 시원해요. 秋天到了，天气越来越凉快了。

동태조사 了는 문미에 쓰이고 일반적으로 상황의 변화 혹은 새로운 상황의 출현에 이전과 달라졌음을 나타낸다.

위의 예문에서 了는 날씨의 변화를 나타낸다.

상황의 변화를 부정할 때 보통 没有를 사용하는데 이때 문미에는 了를 사용할 수 없다.

연습하기

연습하기	정답
1. 봄이 왔어요, 날씨가 점점 따뜻해요.	1. 春天到了，天气越来越暖和了。
2. 날씨가 흐려요, 비가 오려고 해요.	2. 天气阴了，要下雨了。
3. 가을이 왔어요, 산에 단풍이 모두 붉게 물들었어요.	3. 秋天到了，山上的枫叶都红了。
4. 겨울이 왔어요, 밖에 날씨가 점점 추워지고 있어요.	4. 冬天到了，外边天气越来越冷了。

“越来越…(了)” [yuèláiyuè] 점점 · 더욱더 · 갈수록 더 …하다

보기 날씨가 점점 시원해. 天气越来越凉快了。

① 사람 또는 사물의 수나 정도가 시간의 이동에 따라 발전하거나 변화가 생길 때 사용한다.

② 동일한 사물의 다른 시간이나 조건에 대한 비교를 뜻한다.

연습하기

연습하기	정답
1. 날씨가 점점 더워지고 있어.	1. 天气越来越热了。
2. 날씨가 점점 쌀쌀해지고 있어.	2. 天气越来越凉了。
3. 그녀의 중국어는 갈수록 유창해.	3. 她的汉语越来越流利了。
4. 그녀는 갈수록 예뻐.	4. 她越来越漂亮了。

"不…也不…" [bù…yěbù] A하지도 않고 B하지도 않다.

보기 날씨가 춥지도 덥지도 않아. 天气不冷也不热。

연습하기

1. 기온이 높지도 않고 낮지도 않아.
2. 이 옷은 비싸지도 않고 저렴하지도 않아.
3. 이 옷은 크지도 않고 작지도 않아.
4. 나는 가을을 좋아하지도 않고 싫어하지도 않아.

정답

1. 气温不高也不低。
2. 这件衣服不贵也不便宜。
3. 这件衣服不大也不小。
4. 我不喜欢也不讨厌秋天。

讨厌 tǎoyàn 싫어하다, 미워하다

"一…就…" [yī…jiù…]

보기 나는 환절기만 되면 기침하고 목이 아파. 我一到换季就咳嗽、嗓子疼。

① …하자 곧. …하자마자. [하나의 행동이나 상황이 발생한 후 또 다른 행동이나 상황이 곧 바로]
② …하게 되자 …하다. …하기만 하면 …하다. [어떤 조건이 구비되면 반드시 이러저러한 결과가 생김]
③ …하니 …하게 되다. [어떤 행동이 일단 발생하면 결국 더욱 높은 정도나 결과에 이르게 됨.]

연습하기

1. 그는 집에 돌아오자마자 텔레비전을 보거든.
2. 나는 봄이 되면 기침하고 목이 아파.
3. 나는 매일 일어나자마자 운동을 해.
4. 나는 책을 보기만 하면 졸음이 와.

정답

1. 他一回家就看电视。
2. 我一到春天就咳嗽、嗓子疼。
3. 我每天一起床就运动。
4. 我一看书就困。

困 kùn 졸리다

说一说(말하기 연습)

제시된 그림을 보고 대답하세요. (간결하고 짧게 표현하기)

1. 现在是什么季节?
   xiànzài shì shénme jìjié?
   지금은 무슨 계절이죠?

동태조사 '…了…(了)'는 상황의 변화 혹은 새로운 상황의 출현을 나타냄.

2. 你最喜欢什么季节?
   nǐ zuì xǐhuān shénme jìjié?
   당신은 어떤 계절을 가장 좋아하죠?

3. 今天会下雨吗?
   jīntiān huì xiàyǔ ma?
   오늘 비가 올까요?

会 ~할 가능성이 있다. ~할 것이다.

4. 你哪儿不舒服?

nǐ nǎr bù shūfu?

당신은 어디가 불편하세요?

5. 开学了, 你有什么计划?

kāixué le, nǐ yǒu shénme jìhuɑ?

개학인데, 당신은 어떤 계획이 있어요?

要[yào] 주관적 의지의 요구를 나타낸다. 부정형은 '不想', '不用'임.

참고답안

1. 春天来／到了，天气越来越暖和了。
2. 我特别喜欢秋天，不冷也不热。
3. 天气预报说，今天天气阴，会下雨。
4. 我好像感冒了，头疼、流鼻涕、浑身不舒服。
5. 从现在开始，我要早睡早起，努力学习了(多看书，多运动)。

입으로 바로 바로 나올 때까지!

- 날씨, 계절, 건강 표현 연습

"…怎么样?"

1. 오늘 날씨는 어때?
2. 한국 날씨는 어때?
3. 바깥 날씨는 어때?
4. 서울 날씨는 어때?
5. 북경 날씨는 어때?

1. 오늘 날씨는 시원하고도 상쾌해.
2. 한국은 사계절이 분명해.
3. 바깥 날씨는 아주 추워.
4. 서울 날씨는 아주 더워.
5. 북경 날씨는 아주 건조해.

"…会…"

1. 오늘 비가 내릴까요?
2. 밖에 바람이 불까요?
3. 내일 눈이 내릴까요?

1. 오늘 비가 올 거야.
2. 밖에 바람이 아주 커.
3. 내일 눈이 내릴 거야.

정답

1. 今天天气怎么样？	1. 今天天气又凉快又清爽。
2. 韩国天气怎么样？	2. 韩国四季分明。
3. 外边天气怎么样？	3. 外边天气很冷。
4. 首尔天气怎么样？	4. 首尔天气很热。
5. 北京天气怎么样？	5. 北京天气很干燥。
1. 今天会下雨吗？	1. 今天会下雨。
2. 外边会刮风吗？	2. 外边风很大。
3. 明天会下雪吗？	3. 明天会下雪。

清爽 qīngshuǎng 상쾌하다
干燥 gānzào 건조하다

“…比…” 비교문

1. 오늘은 어제보다 더워.
2. 올해는 작년보다 추워.
3. 어제는 오늘보다 선선해.

“…最…哪个/什么”

1. 지금은 무슨 계절이야?
2. 당신은 어느 계절을 가장 좋아 해?

“건강 관련 표현”

1. 어디가 불편하니?
2. 감기 걸렸어?
3. 자주 감기 걸려?

정답

1. 今天比昨天热。
2. 今年比去年冷。
3. 昨天比今天凉快。

---

1. 现在是什么季节？
2. 你最喜欢什么季节？

---

1. 你哪儿不舒服?
2. 感冒了吗？
3. 经常感冒吗？

쉬어 갈까요!!

[명대사 읽기]

말할 수 없는 비밀 (不能说的秘密) 2007

피아노에 천부적 소질을 지닌 샹룬(叶湘伦)이 예술고등학교로 전학 와서 샤오위(路小雨)를 만나 즐거운 추억을 만들며 사랑에 빠진다. 그러다 어느 날 그녀가 갑자기 사라지고 샹룬이 샤오위와 그녀가 말해주지 않은 "비밀"에 대해 찾는다.

叶湘伦: 你好像很喜欢一只手弹琴喔?
　　nǐ hǎoxiàng hěn xǐhuān yìzhī shǒu tánqín wō?
샹룬: 넌 한 쪽 손으로 피아노 치는 거 좋아하나 봐?

路小雨: 我能遇见你, 已经很不可思议了。
　　wǒ néng yùjiàn nǐ, yǐjīng hěn bùkěsīyì le.
　　내가 널 만난 것 자체가 불가사의야

叶湘伦: 你是不是有心事?
　　nǐ shìbushì yǒu xīnshì?
샹룬: 무슨 고민 있어?

路小雨: 因为这样, 另外一只手才可以牵你啊!
　　yīnwèi zhèyàng, lìngwài yìzhī shǒu cái kěyǐ qiānnǐ a.
샤오위: 이렇게 해야 다른 쪽 손으로 널 잡을 수 있잖아

路小雨: 我也不知道, 或许有一天会告诉你吧。你就好好珍惜和我在一起的时候咯。
　　wǒ yě bù zhīdào, huòxǔ yǒuyìtiān huì gàosù nǐ ba. nǐ jiù hǎohǎo zhēnxī hé wǒ zài yìqǐ de shíhòu lo.
샤오위: 나도 몰라, 언젠가는 알려줄 게. 지금 나와 함께 있는 시간을 소중히 여겨.

遇见 동 yùjiàn 만나다
弹琴 동 tánqín 피아노를 치다(연주하다)
牵 동 qiān 잡다당기다, 잡아끌다
或许 부 huòxǔ 아마, 혹시
不可思议 bùkěsīyì 상상할 수 없다, 불가사의하다
另外 대 lìngwài 다른, 그 밖의
心事 명 xīnshì 걱정거리
珍惜 동 zhēnxī 아끼다, 소중히 여기다

02 汉语说得真好

hàn yǔ shuō de zhēn hǎo

중국어 정말 잘 합니다

학습 목표

- 동작과 상태에 관한 표현을 익힐 수 있다.
- 칭찬과 겸손에 관한 표현을 익힐 수 있다.
- 학습과 유학에 관한 표현을 익히 수 있다.

학습 내용

♪ …还是… [접속사] 또는. 아니면 [부사] 여전히
♪ 一边…一边… A하면서 B하다
♪ 能/ 可以…[동사] …할 수 있다, …해도 좋다

核心句 핵심문장

07. 一边吃饭一边看电视呢。

yìbiān chīfàn yìbiān kàn diànshì ne.

08. 你汉语说得真好!

nǐ hànyǔ shuōde zhēn hǎo.

09. 哪里, 哪里! 我还差得远呢。

nálǐ, nálǐ! wǒ hái chàde yuǎn ne.

10. 不要着急, 慢慢儿来。

búyào zháojí, mànmānr lái.

11. 只要多听、多说, 就一定能学好。

zhǐyào duōtīng、duōshuōjiù, yídìng néng xuéhǎo.

12. 我的朋友都出国留学了。

wǒde péngyǒu dōu chūguó liúxué le.

01 주요표현

학교야 집이야?

나 카페야. 동영상 보면서 중국어 공부 하고 있어

넌 중국어 워낙 잘하니까

그렇지 않아. 아직도 많이 부족한 걸

난 2년 넘게 배웠는데도 성조가 좋지 않아

서두르지 말고 천천히 해
많이 듣고 많이 말하는 게 포인트야

01 差得远

chà de yuǎn

많이 부족해

小慧 xiǎoyīng, nǐ zài xuéxiào háishì jiālǐ?
小英，你在学校还是家里？

小英 wǒ zài kāfēitīng ne. xiǎohuì, nǐ zài gàn shénme?
我在咖啡厅呢。小慧，你在干什么？

小慧 wǒ zài jiālǐ wúliáo, yìbiān chīfàn yìbiān kàn diànshì ne.
我在家里无聊，一边吃饭一边看电视呢。

小英 wǒ zhèngzài kànshìpín, xuéxí hànyǔ ne.
我正在看视频，学习汉语呢。

小慧 nǐ hànyǔ shuōde zhēn hǎo! hǎo xiànmù nǐ a!
你汉语说得真好！好羡慕你啊！

小英 nálǐ, nálǐ! wǒ hái chàde yuǎn ne.
哪里，哪里！我还差得远呢。

小慧 āi, wǒ dōu xué liǎngnián duō le, shēngdiào háishì bútài biāozhǔn.
哎，我都学两年多了，声调还是不太标准。

小英 búyào zháojí, mànmānr lái.
不要着急，慢慢儿来。

小慧 dàxiā, nǐ kéyǐ bāngwǒ zhège càiniǎo ma?
大虾，你可以帮我这个菜鸟吗？

小英 dāngrán méiwèntí. zhǐyào duōtīng duōshuō, jiù yídìng néng xuéhǎo.
当然没问题。只要多听多说，就一定能学好。

小慧 tài xièxie nǐ le, nǐ chángcháng zàinǎr xuéxí?
太谢谢你了，你常常在哪儿学习？

小英 wǒ tèbié xǐhuān zài kāfēitīng xuéxí . zhèlǐ huánjìng hěn làngmàn.
我特别喜欢在咖啡厅学习。这里环境很浪漫。

小慧 nàme, wǒmen shénme shíhòu jiànmiàn?
那么，我们什么时候见面？

小英 wǒ yìbān xīngqīyī, sān wǎnshàng dōu yǒukòng.
我一般星期一，三晚上都有空。

…里 [lǐ] 방향, 위치를 나타냄.
방위를 나타내는 명사에 边을 붙여 里边으로 만든다. 명사 뒤에 나올 때, 边은 보통 생략함.

예 家里 집에

正(在)…呢 [zhèngzài…ne] ~하고 있는 중이다

예 正在看视频，学习汉语呢。한창 동영상을 보면서 중국어 공부하는 중이야

正在는 동작의 진행이나 지속을 나타내는 부사로 '마침(한창) ~하고 있는 중이다'라는 뜻이다.
맨 뒤의 呢는 서술문의 끝에 위치해 역시 동작이나 상태가 계속하고 있음을 나타낸다.

大虾 [dàxiā] 프로 게이머
'의협심이 강한 사람'을 일컫는 말―大侠(dàxiá)의 발음과 유사하며 긍정의 의미를 내포한다.

菜鸟 [càiniǎo] 초보 게이머
菜鸟 '야채새'는 즉 수준이 높지 않아 '야채' 취급을 받으며 누구나 먹어치울 수 있는 존재라는 의미이다.

只要…就 [zhǐyào…jiù] ~하기만 하면
只要…就는 조건문이다. 只要 뒤에 충분한 조건이 제시되며 就 뒤에는 그러한 조건으로 인해 얻어진 결과가 온다.

예 只要多听多说，就一定能学好。
그러한 조건 하에서는 반드시 그러한 결과가 있다는 의미이다.

单词

…还是…	접	háishì	또는, 아니면(의문문에 쓰여 선택을 나타냄)
无聊	형	wúliáo	지루하다, 심심하다
视频	명	shìpín	동영상
羡慕	동	xiànmù	부러워하다
哪里		nálǐ	천만에요, 뭘요
差得远		chàdeyuǎn	거리가 멀다, 차이가 많다, 아직 멀었다
声调	명	shēngdiào	성조
标准	명	biāozhǔn	표준, 기준, 잣대
着急	동	zháojí	조급해하다, 안타까워하다, 초조해하다
慢	형	màn	느리다
帮	동	bāng	돕다
当然	형,부	dāngrán	당연하다, 당연히, 물론
只要	접	zhǐyào	~하기만 하면
一定	형,부	yídìng	일정하다, 반드시, 꼭
环境	명	huánjìng	환경
浪漫	형	làngmàn	낭만적이다
什么时候		shénmeshíhòu	언제
一般	형	yìbān	같다, 보통이다, 일반적이다
空	형,동	kōng/kòng	비다, 공허하다, 비워놓다/비우다, (시간 따위를) 내다

02 주요표현

너 중국어 점점 좋아지고 있어
정말? 꼭 계속 노력해야지
내년에 중국 유학 갈까 해
내 친구도 다 유학 갔어
일본, 미국, 중국 등 국가로
요즘 사회의 경쟁이 워낙 치열하니까

02 留学

liú xué

유학

小英 xiǎohuì, nǐ hànyǔ shuōde yuèláiyuè hǎo le.
小慧，你汉语说得越来越好了。

小慧 zhēnde ma? xièxie dàxiā. wǒ yí dìng jìxù nǔlì.
真的吗？谢谢大虾。我一定继续努力。

小英 fǎnfù tīng, fǎnfù shuō shì zuì hǎode bànfǎ le.
反复听，反复说是最好的办法了。

小慧 nǐ shuōde duì, bìxū duōtīng, duōshuō!
你说得对，必须多听，多说！

小英 jīngcháng gēn zhōngguórén liáotiānr, kěyǐ gèngkuài tígāo kǒuyǔ shuǐpíng.
经常跟中国人聊天儿，可以更快提高口语水平。

小慧 qíshí, wǒ zhèng dǎsuàn míngnián qù zhōngguó liúxué ne!
其实，我正打算明年去中国留学呢！

小英 shìma! wǒyě xiǎngqù shànghǎi dāi yìnián ne.
是嘛！我也想去上海呆一年呢。

小慧 nǐ zhōuwéi péngyǒu qù liúxué de duōma?
你周围朋友去留学的多吗？

小英 wǒde péngyǒu dōu chūguóliúxué le. tāmen qùle rìběn、měiguó、zhōngguó děng guójiā.
我的朋友都出国留学了。他们去了日本、美国、中国等国家。

小慧 xiànzài shèhuì de jìngzhēng tài jīliè le.
现在社会的竞争太激烈了。

小英 shì a, dàjiā dōu juéde chūguó cái yǒu jīhuì.
是啊，大家都觉得出国才有机会。

小慧 liúxué yǐjīng shì yìzhǒng shíshàng le.
留学已经是一种时尚了。

小英 wǒmen hǎohāor zhǔnbèi yìnián, míngnián yìqǐ qù ba.
我们好好儿准备一年，明年一起去吧。

어기조사 嘛 [ma]

예 是嘛! 그런가!
很好嘛! 괜찮은데!

당연함, 확인의 의미, 상대방 주의를 이끌어내거나 인정하려는 어기를 나타낸다.

才 [cái] 오직~ 해야만, 비로소

예 出国才有机会。유학을 가야만 기회가 있어.

부사 才는 쉽지 않은 일, 시간이 오래 걸리는 일, 일의 발생이나 완성이 늦어지는 것 등을 나타낸다.

单词

帮助	동,명	bāngzhù	돕다, 도움
继续	명,동	jìxù	계속(하다)
努力	명,동	nǔlì	노력(하다)
反复	동	fǎnfù	반복하다
办法	명	bànfǎ	방법
必须	부	bìxū	반드시 ~해야 한다
提高	동	tígāo	향상시키다, 높이다
其实	부	qíshí	사실은
打算	명,동	dǎsuàn	생각, 계획, 계획하다, ~할 작정이다
留学	명,동	liúxué	유학(하다)
呆	동	dāi	머무르다
周围	명	zhōuwéi	주위
出国	동	chūguó	출국하다
社会	명	shèhuì	사회
竞争	명,동	jìngzhēng	경쟁(하다)
激烈	형	jīliè	격렬하다, 치열하다
觉得	동	juéde	~라고 느끼다, ~라고 여기다
才	부	cái	오직 ~해야만, 비로소
机会	명	jīhuì	기회
一种	명	yìzhǒng	일종(의), 한 종류
时尚	명	shíshàng	트랜드, 유행

문법

"…还是…" [háishi]

① [접속사] 또는, 아니면

② [부사] 여전히, 아직도, 변함없이, 원래대로, 그래도, 끝내, 역시

보기 너 학교야 아니면 집이야? 你在学校**还是**家里?

보기 성조가 여전히 안 좋아. 声调**还是**不太标准。

① [접속사] 흔히 '是(shì)'와 호응하여 의문문에 쓰여, 선택을 나타낸다.

연습하기

1. 공부할 거야 아니면 쉴 거야?
2. 차를 마실 거야 아니면 커피를 마실 거야?
3. 빵을 먹을 거야 아니면 밥을 먹을 거야?
4. 학교에 갈 거야 아니면 기숙사에 갈 거야?

정답

1. 你要学习还是要休息?
2. 你要喝茶还是喝咖啡?
3. 你要吃面包还是要吃饭?
4. 你要去学校还是要去宿舍?

② [부사] 동작이나 상태가 그대로 유지되는 것을 나타냄, '仍然'에 상당한다.

연습하기

1. 중국어가 여전히 유창하지 않아.
2. 공부에 여전히 흥미가 없어.
3. 게임을 여전히 좋아 해.
4. 한자가 여전히 어려워.

정답

1. 汉语还是不太流利。
2. 对学习还是不感兴趣。
3. 还是喜欢玩游戏。
4. 汉字还是难。

流利 liúlì 막힘이 없다, 유창하다
感兴趣 gǎnxìngqù 흥미가 있다, 좋아하다

"一边…一边…" [yìbiān…yìbiān…] A하면서 B하다

보기 밥을 먹으면서 TV를 봐. (一)边吃饭(一)边看电视。

병렬 관계의 접속사로, 두 가지 동작이 동시에 진행될 때 쓰이는 표현이다. '边'은 동작의 앞에 쓰이며 '一'는 생략할 수 있다. '一面'과 '一边'은 의미가 같으므로 서로 바꿔 쓸 수 있다.

연습하기	정답
1. 나는 책을 보면서 음악을 들어. 2. 엄마는 밥을 하면서 전화를 해. 3. 그는 컴퓨터를 하면서 이야기를 해. 4. 그녀는 공부를 하면서 아르바이트를 해.	1. 我一边看书一边听音乐。 2. 妈妈一边做饭一边打电话。 3. 他一边用电脑一边说话。 4. 她一边学习一边打工。

打工 dǎgōng
일하다, 아르바이트하다

"能"[néng] VS "可以" [kěyǐ]

보기 반드시 잘 배울 수 있어. 一定能学好。
더 빨리 회화수준을 향상할 수 있어. 可以更快提高口语水平。

보기 나를 도와 같이 연습해도 좋겠니? 能/可以帮我一起练习吗?

① [동사] …할 수 있다. [가능이나 능력을 표시함]
② [동사] …해도 좋다. [허가를 표시함]

연습하기	정답
…할 수 있다 1. 유학 갈 수 있어. 2. 돈을 많이 벌 수 있어.	1. 能／可以去留学。 2. 能／可以赚很多钱。
…해도 좋다. 1. 물 좀 마셔도 돼? 2. 이 옷을 입어 봐도 돼?	1. 能／可以喝水吗？ 2. 能／可以穿这件衣服吗？

说一说(말하기 연습)

1. 你在学校还是家里?

nǐzài xuéxiào háishì jiālǐ?

너 학교에 아니면 집에 있어?

"一边…一边…"
A하면서 B하다

2. 他在干什么?

tā zài gàn shénme?

그는 무엇을 하고 있죠?

겸손의 표현

3. 你的汉语说得真好!

nǐde hànyǔ shuōde zhēnhǎo!

너 중국어 정말 잘해.

4. 你常在哪儿学习?

nǐ cháng zài nǎr xuéxí?

당신은 늘 어디서 공부해요?

5. 你周围出国留学的人多吗?

nǐ zhōuwéi chūguó liúxué de rén duōma?

당신 주위에 유학 간 사람이 많아요?

참고답안

1. 我正在家里做作业呢。
2. 他一边吃饭一边看手机呢。
3. 哪里，哪里！我还差得远呢。
4. 我特别喜欢在咖啡厅学习。这里环境很浪漫。
5. 我的朋友都出国留学了。他们去了日本、美国、中国等国家。

입으로 바로 바로 나올 때까지!

"…还是…" 또는. 아니면

1. 학교에 있어 아니면 집에 있어?
2. 중국어를 배워 아니면 영어를 배워?
3. 빵을 먹어 아니면 밥을 먹어?
4. 유학 갈 거야 아니면 여기서 공부할 거야?

"…还是…" 여전히

1. 난 여전히 중국어를 잘 못 해.
2. 그녀는 여전히 병원을 가기 싫어 해.
3. 여자 친구는 여전히 유학을 가고 싶어 해.

능력과 재주를 칭찬할 때 …得…

1. 당신 중국어를 정말 잘하시네요.
2. 음식을 정말 맛있게 하셨네요.
3. 당신 참 예쁘군요.
4. 이 아이는 참으로 귀엽군요.

칭찬에 대해 응답할 때 겸손의 표현

1. 별말씀을요.
2. 과찬이세요.
3. 아직 멀었어요.
4. 칭찬해 주시니 고마워요.

정답

1. 在学校还是在家？ 3. 吃面包还是吃饭？	2. 学习汉语还是学习英语？ 4. 去留学还是在这里学习？
1. 我还是不太会说汉语。 3. 女朋友还是想去留学。	2. 她还是不想去医院。
1. 你汉语说得真好。 3. 你长得真漂亮。	2. 饭做得很好吃。 4. 这个孩子长得真可爱。
1. 哪里哪里! 3. 还差得远呢!	2. 您太夸奖了。 4. 谢谢您的夸奖。

쉬어 갈까요!!

[명대사 읽기]

치아문단순적소미호 (致我们单纯的小美好) / 아름다운 우리에게 2017

여고생 천샤오시(陈小希)가 19년간 같은 아파트에서 살아온 친구 장천(江辰)을 짝사랑하게 되면서 벌어지는 젊고 풋풋한 청춘들의 사랑 이야기

生命中最美好的事都是免费的。真正的幸福不是惊天动地的事，而是懂得发现生命中的小美好，过自己想要的生活。

shēngmìng zhōng zuìméihǎo de shì dōushì miǎnfèi de。zhēnzhèng de xìngfú búshì jīngtiāndòngdìde shì, ěr shì dǒngde fāxiàn shēngmìng zhōng de xiǎo méihǎo, guò zìjǐ xiǎngyào de shēnghuó.

삶에서 가장 아름다운 일들은 모두 무료이다. 진정한 행복은 세상을 놀라게 하는 일이 아니라 삶의 곳곳에 있는 작은 아름다움을 발견하고 자신이 살고 싶은 삶을 사는 거다.

我们习惯了去追寻远在天涯的遥不可及，却忽略了身边的小美好。

wǒmen xíguàn le qù zhuīxún yuǎnzài tiānyáde yáobùkějí, què hūluèle shēnbiān de xiǎo méihǎo.

우리는 늘 먼 하늘 끝의 닿을 수 없는 것을 찾아 떠나는 거에 익숙해져 주위에 있는 작은 행복들을 소홀했다.

陈小希: 我喜欢你。
wǒ xǐhuān nǐ.
천샤오시: 널 좋아해

江辰: 可我不喜欢你。
kě wǒ bù xǐhuān nǐ.
장천: 근데 난 너 안 좋아해

陈小希: 那我再想想办法。
nà wǒ zài xiǎngxiang bànfǎ.
천샤오시: 그럼 내가 방법을 좀 더 생각해볼께

陈小希: 你要带我去吃什么好吃的呀?

nǐyào dàiwǒ qù chī shénme hǎochī de ya?

천샤오시: 나 데리고 뭐 맛있는 거 먹으러 갈 거야?

江辰: 火锅啊!

huǒguō ā!

장천: 훠궈 먹으러 가자

陈小希: 大夏天的怎么老吃火锅啊?

dà xiàtiān de zěnme lǎo chī huǒguō ā?

천샤오시: 이 한여름에 왜 자꾸 훠궈 먹어?

江辰: 那家火锅店很不错的。听说有个情侣锅特别好吃, 想带你去吃很久了, 等不到冬天了。

nàjiā huǒguōdiàn hěn búcuòde。tīngshuō yǒuge qínglǚguō tèbié hǎochī, xiǎng dàinǐ qù chī hěnjiǔ le, děng búdào dōngtiān le.

장천: 그 훠궈집 꽤 괜찮아. 거기 커플훠궈가 엄청 맛있다고 해서 오래 전부터 너랑 가고 싶었어. 근데 겨울까지는 못 기다리겠네.

免费 명,동 miǎnfèi 무료(로 하다), 공짜

真正 형 zhēnzhèng 진정한, 참된

幸福 명,형 xìngfú 행복(하다)

惊天动地 jīngtiāndòngdì 기세나 일이 대단하여 온 세상을 깜짝 놀라게 하다

懂得 동 dǒngdé 알다, 이해하다

发现 동 fāxiàn 발견하다

美好 형 měihǎo 아름답다, 좋다

习惯 명,동 xíguàn 습관, 습관이 되다

追寻 동 zhuīxún 쫓다, 추적하다

远在天涯 yuǎnzàitiānyá 아득히 먼 곳에 있다

遥不可及 yáobùkějí 너무 멀어서 닿지가 않다

忽略 동 hūluè 소홀히 하다

身边 명 shēnbiān 주위, 주변

情侣 명 qínglǚ 커플, 연인

03

我们去尝一尝

wǒ men qù cháng yi cháng

우리 가서 맛 좀 봅시다

학습 목표

- 시간, 장소에 관한 표현을 익힐 수 있다.
- 음식, 입맛에 관한 표현을 익힐 수 있다.
- 일상생활에 관한 표현을 익힐 수 있다.

학습 내용

♪ 要么…要么… …하든지, 아니면 …하든지
♪ 又…又… …하기도 하고, …하기도 하다
♪ …什么的 …등등, 같은 것

核心句 핵심문장

13. 我要么不吃，要么吃个三明治。
wǒ yàome bùchī, yàome chīgè sānmíngzhì.

14. 又简单又方便。
yòu jiǎndān yòu fāngbiàn

15. 我最爱吃紫菜包饭、方便面、汉堡包、盒饭什么的。
wǒ zuìàichī zǐcàibāofàn、fāngbiànmiàn、hànbǎobāo、héfàn shénme de

16. 我特别喜欢吃羊肉串儿，我们去尝一尝吧。
wǒ tèbié xǐhuān chī yángròuchuànér, wǒmen qù chángyìcháng ba.

17. 我会见见朋友，一起吃吃饭、逛逛街、看看电影什么的。
wǒhuì jiànjian péngyǒu, yìqǐ chīchifàn, guàngguangjiē, kànkan diànyǐng shénme de.

18. 一边喝咖啡一边聊聊学习。
yìbiān hēkāfēi yìbiān liáoliáo xuéxí

01 주요표현

아침은 먹니?

안 먹든지 아니면
샌드위치나 먹거든

점심은 어디서 먹어?

학생식당에서 먹어
난 친구랑 학교 근처
패스트 푸드점에서 먹어

넌 양꼬치가 중국 어느 도시 음식인 줄 아니?

하, 그 쉬운 걸, 사천 맞지?

아니야, 신장 음식이거든

01 方便食品

fāng biàn shí pǐn

인스턴트 식품

小慧 yǒngmín, nǐ měitiān jǐdiǎn qǐchuáng?
永民，你每天几点起床？

永民 wǒ zǎoshàng shuì lǎnjiào, qǐ bù lái.
我早上睡懒觉，起不来。

小慧 nà, nǐ chī zǎofàn ma?
那，你吃早饭吗？

永民 wǒ yàome bùchī, yàome chīge sānmíngzhì.
我要么不吃，要么吃个三明治。

小慧 wǒyě jīngcháng chī fāngbiànshípǐn, yòu jiǎndān yòu fāngbiàn.
我也经常吃方便食品，又简单又方便。

永民 zuìjìn, biànlìdiàn de fāngbiànshípǐn zhǒnglèi fēngfù jí le.
最近，便利店的方便食品种类丰富极了。

小慧 wǒ zuì àichī zǐcàibāofàn、fāngbiànmiàn、hànbǎobāo、héfàn shénme de.
我最爱吃紫菜包饭、方便面、汉堡包、盒饭什么的。

永民 nǐ píngshí zhōngwǔ zàinǎr chīfàn?
你平时中午在哪儿吃饭？

小慧 wǒ yìbān zhōngwǔ dōu qù xuésheng shítáng chī, nǐ ne?
我一般中午都去学生食堂吃，你呢？

永民 wǒhé péngyǒu chángqù xuéxiào fùjìnde kuàicāndiàn.
我和朋友常去学校附近的快餐店。

小慧 tīngshuō, xuéxiào ménkǒu xīn kāile yìjiā yángròuchuànr diàn, tèbié huǒ.
听说，学校门口新开了一家羊肉串儿店，特别火。

永民 wǒ tèbié ài chī yángròuchuànr, wǒmen qù chángyicháng ba.
我特别爱吃羊肉串儿，我们去尝一尝吧。

小慧 nǐ zhīdào yángròuchuànr shì zhōngguó nǎge chéngshìde měishí ma?
你知道羊肉串儿是中国哪个城市的美食吗？

永民 hāhā, zhège jiǎndān a, sìchuān – duìma?
哈哈，这个简单啊，四川– 对吗？

小慧 cuòle, shì xīnjiāng de měishí.
错了，是新疆的美食。

TIP

신장 위구르(新疆维吾尔自治區) 자치구는 중국 서부의 성(省).
양꼬치(羊肉串儿)는 위구르족 풍미의 간단한 음식으로, 양고기를 썰어 철사나 대나무 꼬챙이에 끼워 숯불에 굽거나 기름에 튀겨, 여러 가지 양념을 뿌려 먹는 요리이다.

单词

方便食品	명	fāngbiànshípǐn	인스턴트(instɑnt) 식품
睡	동	shuì	자다
懒觉	명	lǎnjiào	늦잠
要么~要么~		yàome…yàome…	~ 하든지 아니면 ~하든지
三明治	명	sānmíngzhì	샌드위치
便利店	명	biànlìdiàn	편의점
种类	명	zhǒnglèi	종류
丰富	형	fēngfù	풍부하다, 많다
~极了	부	jíle	매우 · 엄청 ~이다
紫菜包饭	명	zǐcàibāofàn	김밥
方便面	명	fāngbiànmiàn	라면
汉堡包	명	hànbǎobāo	햄버거
盒饭	명	héfàn	도시락
~什么的		shénmede	~등등
一般	명	yìbān	보통
附近	명	fùjìn	부근
快餐店	명	kuàicāndiàn	패스트푸드점
新开	동	xīnkāi	새로 열다
一家	명	yìjiā	한 집
羊肉串儿	명	yángròuchuànr	양꼬치
火	동	huǒ	핫하다, 인기 많다
尝	동	cháng	맛보다
城市	명	chéngshì	도시
美食	명	měishí	맛있는 음식
简单	형	jiǎndān	간단하다
四川	명	sìchuān	쓰촨, 사천
错	형	cuò	틀리다
新疆	명	xīnjiāng	신장

02 주요표현

저녁에 뭐 해?
TV보면서 긴장을 풀어
수업 없을 때, 뭐 해?
친구들이랑 카페에서 만나
우리는 그 곳의 낭만적인 분위기를 좋아하거든
cafe
듣기에 주말에 새 영화를 방영한다는데 볼 거니?
완전 좋지. 나 한동안 영화를 못 봤거든
토요일 저녁에 꼭 보자
내가 콜라랑 팝콘 쏠 게

02 闲暇时间

xiān xiá shí jiān

여가시간

永民 xiǎohuì, xiàkè yǐhòu, nǐ wǎnshàng dōu zuò shénme?
小慧，下课以后，你晚上都做什么？

小慧 huíjiā kànkan diànshì, fàngsōng yíxià.
回家看看电视，放松一下。

永民 nǐ zuì xǐhuān kàn shénme diànshì jiémù?
你最喜欢看什么电视节目？

小慧 wǒ zuì xǐhuān kàn zōngyì jiémù hé liánxùjù le.
我最喜欢看综艺节目和连续剧了。

永民 wǒne, píngshí gèng xǐhuān kàn tǐyù jiémù hé diànyǐng.
我呢，平时更喜欢看体育节目和电影。

小慧 méiyǒu kè de shíhou, nǐ dōu qù nǎlǐ?
没有课的时候，你都去哪里？

永民 wǒ chánghé péngyǒu zài kāfēitīng jiànmiàn, wǒmen dōu xǐhuān nàlǐ làngmànde qìfēn.
我常和朋友在咖啡厅见面，我们都喜欢那里浪漫的气氛。

小慧 yìbiān hē kāfēi yìbiān liáoliao xuéxí, hái kěyǐ jiǎnqīng yālì ne.
一边喝咖啡一边聊聊学习，还可以减轻压力呢。

永民　zhōumò nǐ dāizài jiālǐ xiūxi ma?
周末，你呆在家里休息吗？

小慧　zhōumò wǒ huì jiànjian péngyǒu, yìqǐ chīchifàn, guàngguangjiē, kànkan diànyǐng shénme de.
周末我会见见朋友，一起吃吃饭、逛逛街、看看电影什么的。

永民　tīngshuō, zhège zhōumò shàngyìng yíbù xīndiànyǐng, ní xiǎngkàn ma?
听说，这个周末上映一部新电影，你想看吗？

小慧　hǎo a! wǒ dōu hǎojiǔ méiyǒu kàn diànyǐng le.
好啊！我都好久没有看电影了。

永民　nà wǒ jiù yùdìng diànyǐngpiào le. xīngqīliù wǎnshàng qīdiǎnde. bújiànbúsàn you!
那我就预定电影票了。星期六晚上七点的。不见不散哟！

小慧　hǎolei! ní mǎipiào, wǒ qǐngnǐ chī bàomǐhuā hé kělè.
好嘞！你买票，我请你吃爆米花和可乐。

单词

闲暇	명	xiánxiá	한가한 시간, 틈, 짬, 여가
放松	동	fàngsōng	쉬다, 릴렉스하다
综艺节目	명	zōngyìjiémù	예능 프로그램
连续剧	명	liánxùjù	드라마
体育节目	명	tǐyùjiémù	스포츠 프로그램
电影	명	diànyǐng	영화
浪漫	형	làngmàn	낭만적이다, 로맨틱하다
气氛	명	qìfen	분위기
减轻	동	jiǎnqīng	경감하다, 가볍게 하다
压力	명	yālì	스트레스
呆在	동	dāizài	집안에 틀어박히다
逛街	동	guàngjiē	쇼핑하다, 돌아다니다
上映	동	shàngyìng	상영하다
预定	동	yùdìng	예매하다, 예약하다
电影票	명	diànyǐngpiào	영화 티켓
不见不散		bújiànbúsàn	꼭 만나요, 만날 때 까지 기다릴게요
爆米花	명	bàomǐhuā	팝콘

문법

"要么…要么…" [yàome…yàome] …하든지, 아니면 …하든지

보기 안 먹든지 아니면 샌드위치를 먹어. 要么不吃，要么吃个三明治。

두 가지 상반된 혹은 대립되는 몇 가지 상황 중에서 선택을 하는 것을 나타낸다.

연습하기

1. 공부를 하든지 아니면 잠을 자든지 해.
2. 차를 마시든지 아니면 커피를 마셔.
3. 한식을 먹든지 아니면 양식을 먹든지.
4. 오늘 가든지 아니면 내일 가.

정답

1. 要么学习要么睡觉。
2. 要么喝茶要么喝咖啡。
3. 要么吃韩餐要么吃西餐。
4. 要么今天去要么明天去。

西餐 xīcān 양식

"又……又……" [yòu…yòu…] …하기도 하고, …하기도 하다

보기 간단하기도 하고 편리하기도 해. 又简单又方便

병렬 관계의 접속사이다. 어떤 동작 · 상황 · 성질이 동시에 존재함을 나타낸다.

연습하기

1. 맛있기도 하고 저렴하기도 해.
2. 크기도 하고 달기도 해.
3. 예쁘기도 하고 총명하기도 해.
4. 밖에 비도 오고 바람도 불어.

정답

1. 又好吃又便宜。
2. 又大又甜。
3. 又漂亮又聪明。
4. 外边又下雨又刮风。

“…极了” [jíle] 매우 ~하다, 엄청 ~하다

보기 종류가 매우 풍부해. 种类丰富极了

연습하기

1. 옷이 엄청 예뻐.
2. 밖에 엄청 추워.
3. 영화가 정말 재밌어.
4. 이 집 양꼬치가 매우 맛있어.

정답

1. 衣服漂亮极了。
2. 外边冷极了。
3. 电影有趣极了。
4. 这家店的羊肉串好吃极了。

“…什么的” [shén me de] …등등, 같은 것

보기 김밥, 라면, 햄버거, 도시락 등등. 紫菜包饭、方便面、汉堡包、盒饭什么的。

하나의 성분이나 몇 개의 병렬 성분 뒤에 쓰인다.

연습하기

1. 사과, 배, 귤 등등.
2. 책, 노트, 컴퓨터 등등.
3. 우유, 빵, 계란 등등.
4. 드라마, 음악 프로그램, 예능 프로그램 등등.

정답

1. 苹果、梨、橘子什么的。
2. 书、笔记本、电脑什么的。
3. 牛奶、面包、鸡蛋什么的。
4. 电视剧、音乐节目、综艺节目什么的。

说一说(말하기 연습)

1. 你平时在哪儿吃饭?
   nǐ píngshí zàinǎr chīfàn?
   너 평소 어디서 밥을 먹니?

2. 你经常吃方便食品吗?
   nǐ jīngcháng chī fāngbiàn shípǐn ma?
   너 자주 즉석음식을 먹니?

3. 晚上回家，你都做什么?
   wǎnshàng huíjiā, nǐ dōu zuò shénme?
   저녁에 귀가 후, 너 뭘 해?

4. 你最喜欢看什么电视节目?

nǐ zuì xǐhuān kàn shénme diànshì jiémù?

너 가장 좋아하는 TV프로그램이 뭐니?

5. 你喜欢喝茶还是咖啡?

ní xǐhuān hēchá háishì kāfēi?

넌 차를 마시기 좋아해 커피를 마시기 좋아해?

6. 你常和朋友在哪儿见面?

nǐ chánghé péngyǒu zàinǎr jiànmiàn?

너 자주 친구랑 어디서 만나?

참고답안

1. 我平时在快餐店吃饭。
2. 我经常吃方便食品，紫菜包饭、方便面、汉堡包、盒饭什么的。
3. 回家以后，我玩游戏。
4. 我最喜欢看综艺节目和连续剧。
5. 我喜欢喝咖啡。
6. 我常和朋友在咖啡厅见面。

입으로 바로 바로 나올 때까지!

식사 관련 묻기

1. 너 평소 아침을 먹니?
2. 아침은 뭐 먹어?
3. 점심은 어디에서 먹어?
4. 어떤 즉석식품을 즐겨 먹어?
5. 평소 자주 가는 식당이 어디야?

식사 관련 답하기

1. 아침을 안 먹든지 즉석음식을 먹어.
2. 점심은 학생식당에서 먹어.
3. 김밥, 샌드위치, 라면, 도시락 등을 즐겨 먹어.
4. 자주 양꼬치 집에 가.

여가 관련

1. 귀가 후 저녁에 뭐 해?
2. 어떤 TV프로그램을 좋아해?
3. 주말은 집에서 쉬니?
4. 주말에 같이 영화 보러 갑시다.
5. 친구랑 자주 어디서 만나?

정답

1. 你平时吃早饭吗？
2. 早饭吃什么？
3. 中午在哪里吃？
4. 你喜欢吃什么方便食品？
5. 你平时常去的饭店是哪里？

---

1. 要么吃早饭要么吃方便食品。
2. 中午在学生食堂吃。
3. 我喜欢吃紫菜包饭、三明治、拉面、盒饭什么的。
4. 我经常去羊肉串店。

---

1. 晚上回家，你都做什么？
2. 你喜欢什么电视节目？
3. 周末在家里休息吗？
4. 周末我们一起去看电影吧。
5. 你经常和朋友在哪里见面？

쉬어 갈까요!!

[명대사 읽기]

하지미지(夏至未至) 2016

어릴 적부터 함께 학교생활을 했던 푸샤오쓰(傳小司), 리샤(立夏), 루주앙(陆之昂) 등의 친구들이 성인이 된 후 자신의 꿈을 위해 고군분투하는 모습을 그린 드라마

就算分离的再遥远，可能头顶上还都会是同一片天空吧，所以无论在哪里，我们都不会觉得孤单。

jiūsuàn fēnlí de zài yáoyuǎn, kěnéng tóudǐng shàng hái dōu huì shì tóngyípiàn tiānkōng ba, suǒyǐ wúlùn zài nǎlǐ, wǒmen dōu búhuì juéde gūdān.

아무리 멀리 떨어져 있어도 머리 위로는 같은 하늘이겠지. 그러니까 어디에 있어도 우리는 외롭지 않아

幸福有时候很简单，就是当你不开心的时候，身边会有着一群逗你开心的人，会陪你笑。

xìngfú yǒushíhòu hěn jiǎndān, jiùshì dāngnǐ bù kāixīn de shíhòu, shēnbiān huì yǒuzhe yìqún dòunǐ kāixīn de rén, huì péinǐ xiào.

행복은 가끔 아주 쉬운 거야. 바로 네가 슬플 때 옆에 너를 즐겁게 해 주는 사람들이 너랑 같이 웃는 거야

当…的时候
dāng…deshíhou
…일 때, …할 때

陆之昂： 家里的东西都可以吃到明年了，你还要买？

jiālǐ de dōngxī dōu kěyǐ chīdào míngnián le, nǐ háiyào mǎi?

집에 있는 음식들이 내년까지 먹을 수 있는데 또 사?

颜末： 这叫有危机意识。我跟你说，灾难片我看得多了。

zhè jiào yǒu wēijī yìshí. wǒ gēn nǐ shuō, zāinànpiān wǒ kànde duō le.

이걸 위기의식이라 하는 거야. 내가 재난영화를 많이 봤거든.

颜末： 这叫有危机意识。我跟你说，灾难片我看得多了。

zhè jiào yǒu wēijī yìshí. wǒ gēn nǐ shuō, zāinànpiān wǒ kànde duō le.

이걸 위기의식이라 하는 거야. 내가 재난영화를 많이 봤거든.

颜末： 到时候危机一旦爆发，民众全都跟疯了一样，来超市抢东西，到时候你就什么都抢不到，什么都没有。

dàoshíhòu wēijī yídàn bàofā, mínzhòng quán dōu gēn fēngle yíyàng, lái chāoshì qiǎng dōngxī, dàoshíhòu nǐ jiù shénme dōu qiǎng búdào, shénme dōu méiyǒu.

나중에 위기가 터지면 모든 사람들은 미친 듯이 슈퍼에 와서 물건을 뺏을 거야. 그때 가서 넌 아무것도 못 뺏고 아무것도 없을 거야.

分离 명,동 fēnlí 분리, 헤어지다

头顶 명 tóudǐng 머리 꼭대기

孤单 형 gūdān 외롭다, 쓸쓸하다

逗 동 dòu 웃기게 하다, 놀리다

灾难片 명 zāinànpiàn 재난 영화

爆发 동 bàofā 폭발하다

疯 명,동 fēng 실성(하다), 미치다

抢 동 qiǎng 빼앗다, 탈취하다

遥远 형 yáoyuǎn 아득히 멀다

无论 접 wúlùn ~에도 불구하고

简单 형 jiǎndān 간단하다, 단순하다

危机意识 wēijīyìshí 위기 의식

一旦 명 yídàn 잠시, 어느 때, 일단

民众 명 mínzhòng 민중

超市 명 chāoshì 슈퍼마켓

04

做健康美女吧!

zuò jiàn kāng měi nǚ ba!

건강미인 합시다!

학습 목표

- 키, 몸무게에 관한 표현을 익힐 수 있다.
- 인물, 다이어트에 관한 표현을 익힐 수 있다.

학습 내용

♪ 好像… (似的) 비유: 마치…인 것 같다.
♪ 不是… 就是… A이거나 아니면 B이다.
♪ 不但… 而且… …할 뿐만 아니라, 게다가(더욱이) ~하다

核心句 핵심문장

19. 你好像变了似的。

nǐ hǎoxiàng biànle sìde.

20. 我个子1米65，现在体重55公斤。

wǒ gèzi yìmǐ liùwǔ, xiànzài tǐzhòng wǔshíwǔ gōngjīn.

21. 你的脸瘦了，身材也更苗条了。

nǐde liǎn shòule, shēncái yě gèng miáotiao le.

22. 我毕业后想当一名'空姐'!

wǒ bìyè hòu xiǎngdāng yìmíng 'kōngjiě'!

23. 我不是吃就是睡，真后悔。

wǒ búshì chī jiùshì shuì, zhēn hòuhuǐ.

24. 不但经常暴饮暴食，而且还吃夜宵。

búdàn jīngcháng bàoyǐnbàoshí, érqiě hái chī yèxiāo.

01 주요표현

너 좀 변한 것 같아. 성형 했지?
아니야. 쭉 다이어트 하고 있었어
10킬로그램 감량한 걸
넌 키도 크고 예뻐서 정말 부러워
난 졸업하고 스튜어디스가 될 거야
가능할까?
문제없어
넌 그 직업이 아주 잘 어울려. 홧팅!

01 减肥

jiǎn féi

다이어트

小英 xiǎohuì, nǐ hǎoxiàng biànle sìde, zuò měiróng le ba?
小慧，你好像变了似的，做美容了吧？

小慧 nǎr a, wǒ yìzhí zài jiǎnféi, jiǎnle shí gōngjīn ne.
哪儿啊，我一直在减肥，减了10公斤呢。

小英 nǐde gèzǐ duōgāo? tǐzhòng duōshǎo a?
你的个子多高？体重多少啊？

小慧 wǒ gèzi yìmǐ liùwǔ, xiànzài tǐzhòng wǔshíwǔ gōngjīn.
我个子1米65，现在体重55公斤。

小英 nánguài a! nǐde liǎn shòule, shēncái yě gèng miáotiao le
难怪啊！你的脸瘦了，身材也更苗条了。

小慧 wǒ xiànzài tǐzhòng wǔshíwǔ gōngjīn, búguò, wǒde mùbiāo shì wǔshí gōngjīn.
我现在体重55公斤，不过，我的目标是50公斤。

小英 nǐ gèzi gāo, zhǎngde yòu piàoliang, 'xiànmù、jìdù、hèn' a!
你个子高，长得又漂亮，'羡慕、嫉妒、恨'啊！

小慧 wǒ bìyè hòu xiǎngdāng yìmíng 'kōngjiě '! nǐ juéde wǒ xíng ma?
我毕业后想当一名'空姐'！你觉得我行吗？

小英 nǐ yídìng méiwèntí, zhège zhíyè hěn shìhé nǐ. jiāyóu a!

你一定没问题，这个职业很适合你。加油啊！

小慧 kěshì, wǒde hànyǔshuǐpíng tàichà le, nǐ bāngbangwǒ ya!

可是，我的汉语水平太差了，你帮帮我呀！

小英 méiwèntí! wǒ bāngnǐ xuéhànyǔ, nǐ dūcù wǒ jiǎnféi.

没问题！我帮你学汉语，你督促我减肥。

小慧 nà! míngtiān kāishǐ, wǒmen yìqǐ jiǎnféi ba!

那！明天开始，我们一起减肥吧！

小英 yì yán wéi dìng ā!

一言为定啊！

※ '羡慕、嫉妒、恨' ['xiànmù、jìdù、hèn'] 질투하다, 너무 부럽다

'羡慕'는 '부러워하다'라는 뜻이고, '嫉妒'는 '질투하다', '恨'은 '미워하다, 증오하다'라는 점층적 표현으로서 과장효과를 나타낸다. 요즘은 유행어처럼 상대방이 너무 부러울 때 이 세 개의 단어를 합쳐서 '야, 부럽다~'라는 뜻으로 자주 사용한다.

单词

好像…似的	hǎoxiàng…sìde	마치 …과 같다
美容	명 měiróng	미용(하다)
减肥	명,동 jiǎnféi	다이어트하다
公斤	양 gōngjīn	킬로그램(kg)
个子	명 gèzi	키
体重	명 tǐzhòng	체중
难怪	부 nánguài	어쩐지, 그러기에
身材	명 shēncái	몸매
苗条	형 miáotiao	날씬하다
不过	부,접 búguò	그런데, ~에 불과하다
目标	명 mùbiāo	목표
毕业	명,동 bìyè	졸업(하다)
当	동 dāng	담당하다, 맡다
空姐	명 kōngjiě	항공승무원, 스튜어디스, 空中小姐(여승무원)의 약칭
觉得	juéde	~라고 여기다(생각하다)
行	형 xíng	괜찮다
职业	명 zhíyè	직업
适合	동 shìhé	적합하다, 어울리다
可是	접 kěshì	그러나, 하지만, 그런데
督促	동 dūcù	독촉하다
一言为定	yìyánwéidìng	한 마디로 정하다, 약속하다

02 주요표현

미인 아가씨, 넌 지금 몸무게가 얼마야?
봐봐, 65킬로그램이야, 너무 뚱뚱해
방학 동안 자지 않으면 먹기만 했으니
게다가 늘 폭음폭식에 야식까지
앞으로 음식을 잘 조절해서 결
코 야식을 먹지 말자
우리 같이 건강미녀가 되자꾸나

02 美女

měi nǚ

미녀

小慧 měinǚ, nǐ xiànzài duōzhòng a?
美女，你现在多重啊？

小英 nǐkàn, wǒ xiànzài liùshíwǔ gōngjīn, tài pàngle.
你看，我现在65公斤，太胖了。

小慧 méiguānxì! yǐhòu shǎochī, duō yùndòng.
没关系！以后少吃，多运动。

小英 āi! wǒ jiàqī búshì chī jiùshì shuì, zhēn hòuhuǐ.
哎！我假期不是吃就是睡，真后悔。

小慧 wǒ yě yǐqián shēnghuó méiyǒu guīlǜ, jīngcháng bùchī zǎofàn, wǎnshàng chīde hěn bǎo.
我也以前生活没有规律，经常不吃早饭，晚上吃得很饱。

小英 wǒ gèng zāogāo . búdàn jīngcháng bàoyǐnbàoshí, érqiě hái chī yèxiāo.
我更糟糕。不但经常暴饮暴食，而且还吃夜宵。

小慧 zhèxiē yǐnshí xíguàn shì fāpàngde zuìdà yuányīn.
这些饮食习惯是发胖的最大原因。

小英 dāngrán, hái zhíjiē yǐngxiǎng shēntǐ jiànkāng.
当然，还直接影响身体健康。

小慧 yǐhòu, wǒmen hǎohāor tiáojiě yǐnshí, jiānjué bùnéng chī yèxiāo le.
以后，我们好好儿调节饮食，坚决不能吃夜宵了。

小英 duì! jiānjué bùchī yèxiāo.
对！坚决不吃夜宵。

小慧 sànbù shì yòu jiǎndān yòu fāngbiànde yùndòng, wǒmen měitiān jiānchí bàngè xiǎoshí
散步是又简单又方便的运动，我们每天坚持半个小时。

小英 zūnmìng! měinǚ! wǒ dōu tīngnǐ de.
遵命！美女！我都听你的。

小慧 hǎo a! ràng wǒmen yìqǐ zuò jiànkāng měinǚ ba!
好啊！让我们一起做健康美女吧！

美女 [měinǚ] 예쁜 여자라는 뜻이기도 하지만 최근에는 서로 모르는 사이도 호칭으로 '~양, 아가씨, 언니/누나'라는 뜻으로 쓰인다.

听你的 [tīngnǐde] 네 말을 들을게, 네 뜻에 따를게
상대방의 제안이나 의견에 100% 따르겠다는 뜻이다.

多…?
[多+高／少／重]을 이용해 높이, 나이, 중량, 길이 등을 묻는다.

让 [ràng] ~로 하여금 ~하게 하다
사역동사 让은 뒷절의 주어가 되어 다시 술어를 가진다. 이처럼 두 개의 문장성분을 겸하는 것을 '겸어'라 하고, 이런 문장을 '겸어문'이라고 한다.

单词

美女	명	měinǚ	미녀
太…了		tài…le	엄청·정말 ~하다
胖	형	pàng	뚱뚱하다
不是…就是…		búshì…jiùshì	~이 아니면 ~이다, ~이든가 ~이든가 이다
后悔	명,동	hòuhuǐ	후회하다
规律	명	guīlǜ	규칙
饱	형	bǎo	배부르다
糟糕	동	zāogāo	엉망이 되다
不但…而且…		búdàn…érqiě	~할 뿐만 아니라, 게다가(더욱이) ~(하다.)
暴饮暴食		bàoyǐnbàoshí	폭음폭식하다
夜宵	명	yèxiāo	야식
不良	형	bùliáng	좋지 않다, 불량하다
发胖	동	fāpàng	살찌다, 뚱뚱해지다
饮食习惯	명	yǐnshíxíguàn	식습관
原因	명	yuányīn	원인
直接	명,형	zhíjiē	직접, 직접적인
影响	명,동	yǐngxiǎng	영향, 영향을 주다
调节	명,동	tiáojié	조절(하다)
坚决	형	jiānjué	(태도 · 행동 등이) 단호하다
散步	동	sànbù	산책하다
坚持	동	jiānchí	견지하다, 고집하다
遵命	동	zūnmìng	명령에 따르다
让	동	ràng	~게 하다
健康美女	명	jiànkāngměinǚ	건강 미녀

문법

"好像… (似的)" [hǎoxiàng…sìde]

① 비유: 마치 …인 것 같다.

② 추측: …하는 것 같다. …생각이 든다

보기 마치 변한 것 같아. 好像变了(似的)。

연습하기

	정답
1. 마치 봄 날씨 같아.	1. 好像春天天气(似的)。
2. 마치 어린애 같아.	2. 好像孩子(似的)。
3. 마치 선생님인 것 같아.	3. 好像老师(似的)。
4. 마치 여신 같아.	4. 好像女神(似的)。

"太…了" [tài…le] 정말 ~하다

보기 정말 뚱뚱해. 太胖了。

太는 '지나치게 · 몹시'라는 의미의 부사이다. 주로 뒤쪽에 了가 나오는데 이때의 了는 감탄이나 과장의 어기를 강조하는 역할을 한다.

연습하기

	정답
1. 정말 감사해요.	1. 太谢谢了。
2. 정말 아파.	2. 太疼了。
3. 정말 맛있어.	3. 太好吃了。
4. 정말 멀어.	4. 太远了。

“不是… 就是…” [búshì…jiùshì…] A이거나 아니면 B이다.

보기 먹거나 아니면 자. 不是吃就是睡。

연습하기

1. 북경 아니면 상해이겠지.
2. 아침 아니면 저녁에 오겠지.
3. 쇼핑을 하거나 아니면 영화를 보겠지.
4. 한식을 먹거나 아니면 일식을 먹어.

정답

1. 不是北京就是上海。
2. 不是早上就是晚上来。
3. 不是逛街就是看电影。
4. 不是吃韩餐就是吃日餐。

“不但… 而且…” [búdàn…érqiě…]

~할 뿐만 아니라, 게다가(더욱이) ~(하다.)

보기 늘 폭음폭식 할 뿐 만 아니라 야식도 먹어. 不但经常暴饮暴食，而且还吃夜宵。

연습하기

1. 그는 잘 생겼을 뿐만 아니라 일도 잘 해.
2. 그는 중국어를 잘 할뿐더러 영어도 유창해.
3. 그는 북경도 가고 싶을 뿐더러 상해도 가고 싶어.
4. 이 옷은 저렴할 뿐만 아니라 품질도 좋아.

정답

1. 他不但长得帅而且很能干。
2. 他不但汉语说得好而且英语也很流利。
3. 他不但想去北京而且还想去上海。
4. 这件衣服不但便宜而且质量也很好。

说一说(말하기 연습)

제시된 그림을 보고 대답하세요. (간결하고 짧게 표현하기)

1. 他的个子多高?

tā de gèzi duō gao?

그의 키는 몇인가요?

2. 她的体重是多少? /她多重?

tā de tǐzhòng shì duōshǎo? / tā duōzhòng?

그녀 체중이 얼마인가요?

3. 你平时生活有规律吗?

nǐ píngshí shēnghuō yǒu guīlǜ ma?

평소 생활이 규칙적인가요?

4. 你平时减肥(运动)吗?

nǐ píngshí jiǎnféi(yùndòng) ma?

넌 평소 다이어트(운동) 하니?

※ 健身房 jiànshēnfáng 헬스장
跑步 pǎobù 달리기를 하다

5. 你想(过)整容吗?

nǐ xiǎng(guò) zhěngróng ma?

넌 성형을 생각해 본적이 있어?

※~过 guò ~적이 있다.
과거의 경험을 나타냄

참고답안

1. 他的个子1米80。
2. 他的体重65公斤。
3. 我平时生活没有规律。
4. 我一直在减肥。
5. 是的，我的眼睛很小，很想整容。

입으로 바로 바로 나올 때까지!

키에 대한 표현 "多…?"	
그는 키가 몇 cm인가요?	- 그는 키가 아주 커 (키가 1미터 80cm이야(180cm)) - 그녀는 키가 좀 작아 (키가 1미터 60cm이야(160cm))
체중에 대한 표현 "多…?"	
그녀는 몸무게가 몇 kg인가요?	- 그녀는 체중이 65킬로그램이야. 좀 뚱뚱해. - 그녀는 체중이 50킬로그램이야. 아주 말랐어.
인물에 대한 표현 "怎么样"	
그녀의 생김새가 어때요?	- 그녀는 아주 예쁘게 생겼어. - 그는 아주 잘 생겼어 - 그는 보통이야
"怎么样"	
그녀의 몸매가 어때요?	- 그녀는 몸매가 아주 날씬해. - 그는 몸매가 아주 튼튼해.

정답

他的个子多高？	他的个子很高。(是一米八) 她的个子有点矮。(是一米六)
他的体重是多少？他多重？	她的体重是65公斤，有点胖。 她的体重是50公斤，很瘦。
她长得怎么样？	她长得很漂亮。 他长得很帅。 他长得一般。
他身材怎么样？	她身材很苗条。 他身材很结实。

※ 结实 jiēshi
단단하다, 견고하다, 튼튼하다, 건장하다

쉬어 갈까요!!

[명대사 읽기]

나의 소녀시대(我的少女时代) 2015

- 대만에서 개봉한 하이틴 로맨스 영화로 중국에서 대만영화 흥행 기록을 갈아치우면서 대만 영화 중국 흥행 1위에 올라선 화제 작품
- 홍콩 배우 유덕화(刘德华·류더화)가 카메오로 영화 끝부분에 출연
- 줄거리: 대책 없이 용감했던 시절, 유덕화의 아내가 꿈인 한 여학생(林真心)과 소위 양아치라고 할 수 있는 한 남학생(徐太宇)의 풋풋한 우정과 사랑 사이의 관계를 그린 영화

我的愿望，就是希望你的愿望里，也有我。
wǒde yuànwàng, jiùshì xīwàng nǐde yuànwànglǐ, yě yǒuwǒ.
나의 소원은 너의 소원 속에 나도 있었으면 하는 것이야

长大之后才知道，砸水球比赛第一个所砸的人，不是因为你讨厌他，而是因为你眼里只有他。
zhǎngdà zhīhòu cái zhīdào, zá shuǐqiú bǐsài dìyīgè suǒ záde rén, búshì yīnwèi nǐ tǎoyàn tā, érshì yīnwèi nǐ yǎnlǐ zhíyǒu tā.
크고 나서야 알게 되었어. 물풍선 던지기 시합에서 첫 물풍선을 던져서 맞히는 사람은, 그 사람이 싫어서가 아니라 눈에 그 사람만 보이기 때문이야.

后悔没有对讨厌的人更坏一点，没有对喜欢的人更珍惜一点。
hòuhuǐ méiyǒu duì tǎoyàn de rén gèng huài yìdiǎn, méi yǒu duì xǐhuān de rén gèng zhēnxī yìdiǎn.
싫어하는 사람한테 좀 더 못되게 굴고 좋아하는 사람을 더 소중히 하지 못한 게 후회된다.

谢谢你出现在我的青春里。
xièxie nǐ chūxiàn zài wǒde qīngchūn lǐ.
나의 청춘 속에 나타나줘서 고마워

愿望 명 yuànwàng 희망, 소원
砸 동 zá 내리치다, 던지다
比赛 명,동 bǐsài 시합(하다)
后悔 명,동 hòuhuǐ 후회하다
青春 명 qīngchūn 청춘
希望 명,동 xīwàng 희망, 희망하다
水球 명 shuǐqiú 물풍선, 수구
讨厌 형 tǎoyàn 싫다, 밉살스럽다
坏 형 huài 나쁘다

MEMO

복습 01

그림 보고 이야기하기

※ TSC 시험에서 제7부분은 네 개의 연속된 그림을 보고 스토리 구성하기 부분으로 1문제가 출제된다. 연결된 내용의 그림 네 개가 제시되고, 이 그림의 내용을 완전한 이야기로 구성하여 설명하는 문제이다.

다음 네 개의 연속된 그림을 자세히 보십시오. 따라서 시간, 장소, 인물, 원인, 사건의 과정, 결과 등 순서에 따라서 서술을 하면 된다.

대답하는 요령:

1. 제3자의 입장으로 설명을 한다.
2. 인물 호칭 등을 헷갈리지 않도록 통일한다.
3. 그림에 있는 내용을 기본으로 설득력 있는 상상력을 발휘하여 스토리를 구성한다.
4. 시간, 장소, 인물, 원인, 사건의 과정, 결과 등 순서에 따라서 서술을 한다.

주의할 점:

단어나 내용의 중복을 피한다. 초급자는 가능한 수식을 많이 사용하지 않고 간단하게 설명한다.

그림분석을 먼저 해봅시다.

1.

2.

3.

4.

1. ____________________

2. ____________________

3. ____________________

4. ____________________

참고단어

1. 早上 zǎoshàng 아침　　起床 qǐchuáng 일어나다

2. 闹钟 nàozhōng 알람　　响 xiǎng 울리다
醒 xǐng 깨다　　急忙 jímáng 황급히

3. 穿衣服 chuān yīfu 옷을 입다　　跑 pǎo 뛰다
公交车站 gōngjiāochēzhàn 버스정거장

4. 一个人也没有 yīgè rén yě méiyǒu 한 사람도 없다
手机 shǒujī 핸드폰　　星期天 xīngqītiān 일요일

1. ______________________________

____

2. ______________________________

____

3. ______________________________

____

4. ______________________________

____

참고답안

1. 早上7点了。可是他还是不想起床。
2. 这时，闹钟响了，他惊醒过来。
3. 他急忙起床，一边穿衣服一边跑出家门。直奔公交车站。
4. 跑到公交车站，可是公交车站一个人也没有。他一看手机，原来今天是星期天。

05 考试考砸了

kǎo shì kǎo zá le

시험을 망쳤습니다

학습 목표

- 감사, 사과에 관한 표현을 익힐 수 있다.
- 불평, 불만에 관한 표현을 익힐 수 있다.

학습 내용

♪ (一)会儿 짧은 시간, 곧, 잠깐 사이
♪ (一)点儿 / 有(一)点儿　조금, 약간
♪ …死(我)了 죽을 것 같아

核心句 핵심문장

25. 你怎么又迟到了?

nǐ zěnme yòu chídào le?

26. 堵车堵得厉害。

dǔchē dǔde lìhai.

27. 谢谢你，还是你最够意思。

xièxie nǐ, háishì nǐ zuì gòu yìsi.

28. 我今天请你吃‘大餐’!

wǒ jīntiān qíngnǐ chī ‘dàcān’!

29. 完了，完了，咱俩今天考试肯定考砸了!

wánle, wánle, zánliǎ jīntiān kǎoshì kěndìng kǎozá le!

30. 糟糕的一天!

zāogāo de yìtiān!

01 주요표현

왜 또 지각이야?

차가 엄청 막혀

짜증나. 오늘 회화시험에 넌 나 파트너야

아뿔싸. 일찍 도착해야 하는 걸. 너무 미안해
역시 너밖에 없어

우리 사이에 뭘

01 你最够意思

nǐ zuì gòu yì si

네가 가장 의리 있어

해설:

今天有口语考试。这次考试要求跟自己的搭当一起背课文。小慧的搭当是永民。都快考试了，永民还没有来上课。小慧特别着急，给永民打电话。

jīntiān yǒu kǒuyǔkǎoshì. zhècì kǎoshì yāoqiú gēn zìjǐde dādàng yìqǐ bèi kèwén. xiǎohuìde dādàng shì yǒngmín. dōu kuài kǎoshì le, yǒngmín hái méiyǒu lái shàngkè. xiǎohuì tèbié zháojí, gěi yǒngmín dǎdiànhuà.

小慧 wèi! yǒngmín, nǐ jīntiān zěnme yòu chídào le?
喂！永民，你今天怎么又迟到了？

永民 xiǎohuì! bùhǎoyìsī, jīntiān dǔchē dǔde lìhai.
小慧！不好意思，今天堵车堵得厉害。

小慧 yòu dǔchē le ya? fánsǐ le.
又堵车了呀？烦死了。

永民 wǒ yīnggāi zǎodiǎnr dàode, tài duìbùqǐ le.
我应该早点儿到的，太对不起了。

小慧 děng yìhuìr yǒu kǒuyǔkǎoshì, nǐ shì wǒde dādàng a!
等一会儿有口语考试，你是我的搭当啊！

永民 zāogāo! bié dānxīn, mǎshàng kuài dàole.
糟糕！别担心，马上快到了。

小慧 kuài láiba, hái yǒudiǎnr shíjiān ne.
快来吧，还有点儿时间呢。

永民　xièxie nǐ, háishì nǐ zuì gòu yìsi.
谢谢你，还是你最够意思。

小慧　zánliǎ shéigēnshéi a!
咱俩谁跟谁啊！

永民　wèiile xièxienǐ, wǒ jīntiān qǐngnǐ chī ‘dàcān’!
为了谢谢你，我今天请你吃‘大餐’！

小慧　chuī niú pí a!
吹牛皮啊！

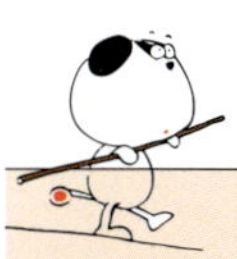

怎么 [zěnme] 왜, 어째서, 어떻게
怎么는 ‘어떻게’ 방법을 묻기도 하지만, ‘왜’라는 뜻으로 의아함, 당황스러움과 불만을 나타내기도 한다. 예를 들면 ‘**怎么又迟到了?**’는 ‘왜 또 지각이야’라는 뜻으로 당황스러움과 불만을 나타낸다.

糟糕 [zāogāo] 아뿔싸
糟糕는 ‘아뿔싸 · 제기랄’의 뜻으로 평소에 일이 여의치 않을 때 자주 쓰는 표현이다.

为了 [wèile] …을[를] 하기 위하여
주로 앞절의 시작부분에 놓여 목적을 나타내며, 뒷절은 이 목적을 이루기 위해 취하는 행동을 나타낸다.

‘大餐’ [dàcān] 성찬, 푸짐한 음식
请你吃‘大餐’은 ‘크게 한 턱 쏠 게, 상다리가 휘도록 대접할 게’라는 뜻이다.

吹牛(皮)! [chuīniúpí]
‘허풍을 치다, 큰소리치다, 거짓말을 하다’란 의미로 자주 쓰는 속어이다.

单词

怎么	zěnme	어떻게, 어째서, 왜
口语	명 kǒuyǔ	회화
考试	명 kǎoshì	시험
要求	명,동 yāoqiú	요구(하다)
搭当	명 dādàng	파트너, 짝, 협력자
背	동 bèi	외우다
着急	동 zháojí	조급해하다, 초조해하다
给	개 gěi	~에게
堵车	명 dǔchē	교통 체증
厉害	형 lìhai	대단하다, 굉장하다, 극심하다
烦死	동 fánsǐ	짜증나 죽겠다
马上	부 mǎshàng	곧, 즉시, 바로, 금방
紧张	형 jǐnzhāng	긴장하다
够意思	형 gòuyìsi	친구답다, 의리가 있다
咱俩	zánliǎ	우리 둘(咱们两个人의 준말)
谁跟谁	대 shéigēnshéi	각별한 사이이다, 둘도 없는 사이이다
为了	개 wèile	을/를 위하여
大餐	명 dàcān	성찬, 푸짐한 음식

02 주요표현

보통 버스 타고 다녀. 늘 차가 막히지
미안, 나 또 늦었지
속 타 죽겠네,
또 차가 막힌 거야?

넌 중국어 잘하잖아. 뭐가 걱정인데
말도 마. 감기가 와서 잘 준비도 못했어
죽었네. 이번 시험은 망쳤네, 망쳤어

02 糟糕的一天

zāo gāo de yì tiān

재수 없는 하루

永民 duìbùqǐ! xiǎohuì, wǒ yòu láiwǎn le.
对不起！小慧，我又来晚了。

小慧 jísǐwǒ le! yòu dǔchē le?
急死我了！又堵车了？

永民 shìa, xiàcì yídìng zǎodiǎnr lái.
是啊，下次一定早点儿来。

小慧 hǎole, wǒmen xiān zhǔnbèi kǎoshì ba!
好了，我们先准备考试吧！

永民 nǐ hànyǔ nàmeniú, hái dānxīn shénme?
你汉语那么牛，还担心什么？

小慧 biétí le. zhè liǎngtiān tou téngde lìhài, hǎoxiàng gǎnmào le
别提了。这两天头疼得厉害，好像感冒了。

永民 ā! kànnǐ liǎnsè cāngbái, kuàiqù yīyuàn kànkan ba!
啊！看你脸色苍白，快去医院看看吧！

小慧 kǎowánshì, wǒ xiǎng huíjiā hǎohāor xiūxixiūxi
考完试，我想回家好好儿休息休息。

永民 sǐdìngle! wǒyě yīnwèi bānjiā, méi hǎohāor zhǔnbèi
死定了！我也因为搬家，没好好儿准备。

小慧 wánle, wánle, zánliǎ jīntiān kǎoshì kěndìng kǎozá le!
完了，完了，咱俩今天考试肯定考砸了！

永民 āi, zhēnshì zāogāode yìtiān.
哎！真是糟糕的一天。

小慧 méiguānxi, wǒmen xiàcì zài nǔlì!
没关系，我们下次再努力！

牛 [niú] 대단하다

牛는 '소'를 의미하기도 하지만 '대단해, 짱이야'라는 뜻으로 상대방의 행위나 능력에 대해 진심으로 감탄, 찬양할 때 많이 쓰인다. 우리말의 '쩐다'라는 말과 비슷한 표현이다.

别提了 [biétíle] 말도 하지 마

提는 '말하다 · 언급하다'의 뜻으로 别提는 '언급하지 말라'는 의미이다.
어떤 일에 대해 불만족스럽거나 그 일에 대해서 이야기하고 싶지 않을 때 쓰는 표현이다.

肯定 [kěndìng] 분명히 ~하다

肯定은 '확실히 · 틀림없이'라는 뜻의 부사로 동사구 전체를 수식한다.

单词

急死	동	jísǐ	초조해 죽겠다, 애타 죽다
担心	동	dānxīn	걱정하다
提	동	tí	(얘기를) 꺼내다
疼	형	téng	(몸이 쑤시고)아프다
厉害	형	lìhài	대단하다, 굉장하다, 심하다, 지독하다
脸色	명	liǎnsè	안색, 얼굴색, 혈색
苍白	형	cāngbái	창백하다
死定了		sǐdìngle	딱 걸렸어! 죽었구나
搬家	동	bānjiā	이사하다
完(了)	동	wánle	끝장났다, 망했다
肯定	부	kěndìng	분명히, 확실히
考砸	동	kǎozá	시험을 망치다
糟糕	동	zāogāo	엉망이 되다
下次	명	xiàcì	다음번, 이 다음
努力	명,동	nǔlì	노력, 노력하다

~得厉害 [de lìhài] 심하게 ~하다

정도보어가 쓰인 문형이다. '어떤 술어가 매우 어떠하다'라는 뜻을 나타낸다.

예: 头疼得厉害。

예를 들어 '아프다'라는 술어와 '심하다'라는 정도보어가 만나면 '아픈 것이 매우 심하다', 즉 '심하게 아프다'라는 뜻을 나타낸다.

문법

"快…了" [kuài…le] 곧 ~이다.

보기 곧 도착해. 快到了。

시간적으로 곧 조만간 어떤 상황이 발생함을 표현한다. 快의 뒤에는 동사, 형용사, 수량사, 명사 등이 올 수 있다.

※ '快(要)…了' 구문에서 要가 생략된 형태로 볼 수 있지만, 구체적인 시간이 언급될 때는 '快…了' 구문을 사용한다.

연습하기	정답
1. 80세가 되어 가.	1. 快八十岁了。
2. 병이 곧 좋아질 거야.	2. 病快好了。
3. 거의 1년이 되어 가.	3. 快到一年了。
4. 곧 방학이야.	4. 快放假了。

"(一)会儿" [yíhuìr]

[명사] 짧은 시간, 잠깐 동안, 잠시 / 짧은 시간 내, 곧, 잠깐 사이

보기 잠시 뒤 회화시험이 있어. 等一会儿有口语考试。

연습하기	정답
1. 잠시 기다리면 올 거야.	1. 等一会儿就来了。
2. 잠깐 쉬는 게 어때?	2. 休息一会儿怎么样？
3. 게임 잠깐 놀자.	3. 玩一会儿游戏吧。
4. 잠깐 복습하자.	4. 复习一会儿吧。

"…(一)点儿" [yìdiǎnr] vs "有(一)点儿" [yǒu yìdiǎnr]

보기 조금 빨리 와. 快(一)点儿来。

보기 조금 조급해. 有点儿着急。

…一点儿은 '조금 · 약간'이란 뜻으로, 형용사 뒤에 쓰이면 비교의 의미를 나타낸다. 동사의 뒤에 쓰여서 단순히 수량이 적음을 나타내거나 어감을 완화시킨다.

有(一)点儿은 형용사나 동사 앞에 쓰여서 '약간 · 조금'이란 의미를 나타낸다. 주로 마음에 들지 않거나 만족스럽지 않을 때 사용한다.

연습하기

형용사 '…一点儿'	동사 '…一点儿'	'有一点儿'
1. 조금 빨라	1. 조금 먹어	1. 조금 추워
2. 조금 느려	2. 조금 마셔	2. 조금 많아
3. 조금 많아	3. 조금 읽어	3. 조금 비싸
4. 조금 작아	4. 조금 사	4. 조금 무서워

정답

1. 快一点儿。	1. 吃一点儿。	1. 有一点儿冷。
2. 慢一点儿。	2. 喝一点儿。	2. 有一点儿多。
3. 多一点儿。	3. 读一点儿。	3. 有一点儿贵。
4. 小一点儿。	4. 买一点儿。	4. 有一点儿害怕。

"…死(我)了" […sǐle] 죽을 것 같아

보기 급해 죽겠네. 急死(我)了。

死了는 동작이나 상태가 상당한 정도에 다다랐음을 나타내는 정도보어이다.

연습하기

1. 화가 나서 죽겠네.
2. 배가 고파 죽겠네.
3. 짜증나 죽겠네.
4. 힘들어 죽겠네.

정답

1. 气死(我)了。
2. 饿死(我)了。
3. 烦死(我)了。
4. 累死(我)了。

说一说(말하기 연습)

1. 你怎么又迟到了?

nǐ zěnme yòu chídào le?

당신 왜 또 지각한 거예요?

2. 怎么又堵车了? 烦死了。

zěnme yòu dǔchē le? fán sǐle.

왜 또 차가 막히는 거예요? 짜증나 죽겠네.

3. 这是怎么回事儿?

zhèshì zěnme huíshìr?

이게 어떻게 된 거예요?

4. 对不起，我来晚了。

duìbuqǐ, wǒ lái wǎn le.

미안해, 내가 늦었어.

참고답안

1. 不好意思，今天堵车堵得厉害。
2. 我应该早点儿到的，太对不起了。
3. 我因为搬家，没好好儿准备。
4. 急死我了！又堵车了？

입으로 바로 바로 나올 때까지!

감사, 겸손의 표현

1. 네가 가장 의리가 있어
2. 우리 사이에 뭘.

불만의 표현 "怎么…"

1. 왜 또 지각이야?
2. 왜 또 막히는 거야?
3. 왜 또 시험 망쳤어?
4. 어떻게 된 거니?

1. 망쳤어.
2. 짜증나 죽겠네.
3. 조급해 죽겠네.
4. 죽었어.

사과의 표현

1. 정말 미안해.
2. 걱정 마.
3. 내가 너무 생각이 짧았어.

정답

1. 还是你最够意思。	2. 咱俩谁跟谁啊。
1. 怎么又迟到了？ 3. 怎么又考砸了？	2. 怎么又堵车了？ 4. 怎么回事儿？
1. 完了。 3. 急死(我)了。	2. 烦死(我)了。 4. 死定了。
1. 太对不起了。 3. 是我太马虎了。	2. 不用担心。

쉬어 갈까요!!

[명대사 읽기]

미미일소흔경성 (微微一笑很倾城) 2016

온라인 게임에서 만난 샤오나이(肖奈)와 웨이웨이(贝微微)가 현실 세계에서도 만나 사랑에 빠지게 되는 이야기

贝微微: 你其实不用帮我做这么多的

nǐ qíshí búyòng bāngwǒ zuò zhème duō de.

웨이웨이 : 날 위해 이렇게 많은 것까지 할 필요 없어

肖奈: 我第一次跟女孩子相处，常常不知道做什么，但是至少，别人做到的事，我也要做到。

wǒ dìyīcì gēn nǚháizǐ xiāngchǔ, chángcháng bù zhīdào zuò shénme, dànshì zhìshǎo, biérén zuòdàode shì, wǒ yě yào zuòdào.

샤오나이 : 난 여자랑 어울리는 게 이번이 처음이라 항상 뭘 해야 하는지 잘 몰라. 하지만 최소한 남이 하는 일은 나도 할 거야

贝微微: 你笑什么？

nǐ xiào shén me？

웨이웨이 : 왜 웃어?

肖奈: 没什么，就是觉得，你一来，这里的天气都变好了。

méishénme, jiù shì juéde, nǐ yì lái, zhèlǐ de tiānqì dōu biànhǎo le.

샤오나이 : 아니야, 그냥 네가 오니까 여기 날씨가 좋아진 거 같아서

감상해 볼까요!!

一笑倾城

yī xiào qīng chéng

일소경성

왕수룽(汪苏泷 wāngsūlóng)

就承认一笑倾城一见自难忘
jiù chéng rèn yí xiào qīng chéng yí jiàn zì nán wàng
미소 한 번에 성이 기울만큼 아름다워서 한 번 보면 잊기 어려운건 물론이며

说什么情深似海我却不敢当
shuō shén me qíng shēn sì hǎi wǒ què bù gǎn dāng
정이 바다와 같이 깊다는 말을 난 감당할 수 없어

最浪漫不过与你并肩看夕阳
zuì làng màn bú guò yǔ nǐ bìng jiān kàn xī yáng
제일 낭만적인 것은 너와 어깨를 나란히 하고 석양을 바라보는 거야

我心之所向
wǒ xīn zhī suǒ xiàng
내 마음이 향하는 대로

想和你游四方赏晴雨的风光
xiǎng hé nǐ yóu sì fāng shǎng qíng yǔ de fēng guāng
너와 곳곳을 누비며 청우의 경치를 감상하고 싶고

想和你铺纸笔写余生的篇章
xiǎng hé nǐ pū zhǐ bǐ xiě yú shēng de piān zhāng
너와 우리의 남은 여생의 이야기를 글로 남기고 싶어

笑与泪都分享管情节多跌宕
xiào yǔ lèi dōu fēn xiǎng guǎn qíng jiē duō diē dàng
상황이 좋지 않아도 웃음과 눈물 모두 함께 나누며

我们不散场
wǒ men bú sàn chǎng
영원히 함께 하자

其实 부 qíshí 사실은

相处 동 xiāngchǔ 함께 살다, 지내다

至少 부 zhìshǎo 최소한

一笑倾城 yíxiàoqīngchéng 미소 한 번에 성이 기운다, 너무 예쁘다

承认 동 chéngrèn 승인하다, 동의하다

难忘 형 nánwàng 잊기 어렵다

情深似海 qíngshēnsìhǎi 정이 바다와 같이 깊다, 애정이 매우 돈독하다

敢当 동 gǎndāng 감당하다

并肩 동 bìngjiān 어깨를 나란히 하다

夕阳 명 xīyáng 석양

心之所向 xīnzhīsuǒxiàng 마음이 향하는 방향

赏 명,동 shǎng 감상(하다)

晴雨 명 qíngyǔ 청우

风光 명 fēngguāng 풍경, 경치

余生 명 yúshēng 여생

篇章 명 piānzhāng 편장, 문장

分享 동 fēnxiǎng 나누다

情节 명 qíngjié 내용, 줄거리

跌宕 형 diēdàng 자유분방하다

散场 동 sànchǎng 끝나다, 해산하다, 헤어지다

MEMO

06 离学校挺远的

lí xué xiào tǐng yuǎn de

학교에서 꽤 멉니다

학습 목표

- 교통에 관한 표현을 익힐 수 있다.
- 거주에 관한 표현을 익힐 수 있다.
- 진로에 관한 표현을 익힐 수 있다.

학습 내용

♪ 离 A는 B에서 …하다

♪ 比…更… A는 B보다 훨씬 …하다

♪ …啦、…啦 …랑…랑, …하고 …하고

♪ 不能再…了 더 이상 …할 수 없다

核心句 핵심문장

31. 你家离学校多远?

nǐjiā lí xuéxiào duōyuǎn?

32. 厨房啦、卫生间啦，又整齐又干净。

chúfáng la、wèishēngjiān la，yòu zhěngqí yòu gānjìng.

33. 公寓离学校大概一百米，10分钟就到了。

gōngyù lí xuéxiào dàgài yìbǎimǐ，shífēnzhōng jiù dàole.

34. 你的房间比我的大一点儿，还更干净。

nǐde fángjiān bǐ wǒde dà yìdiǎnr，hái gèng gānjìng.

35. 外企收入高，环境也好。

wàiqǐ shōurù gāo，huánjìng yě hǎo.

36. 又是老乡又是同门。

yòushì lǎoxiāng yòushì tóngmén.

01 주요표현

넌 평소 버스 아니면
지하철 타고 학교 와?

난 보통 버스
타고 학교 와

집은 학교에서 멀어?

꽤 멀지, 버스로
두 시간이 걸려

집→2시간→학교

사실 주말에 학교 아파트로 이사했어
너 집은 어때?

집→10분→학교

방은 작은데, 채광이 충족하고 가전제품도 완비해
주방, 화장실도 깔끔해
아파트가 학교에서 200미터 거리에, 학교까지 10분
걸으면 돼
가깝고 편리해서 매일 늦잠 잘 수 있겠어

이 게으름 벌레야

01 家电齐全

jiā diàn qí quán

가전제품이 완비해

小英 yǒngmín, nǐ píngshí zuò dàbā háishì dìtiě shàngxué?
永民，你平时坐大巴还是地铁上学？

永民 wǒ yìbān zuò dàbā shàngxué, suóyǐ lùshàng jīngcháng dǔchē.
我一般坐大巴上学，所以路上经常堵车。

小英 nǐjiā lí xuéxiào duōyuǎn?
你家离学校多远？

永民 tíng yuǎnde, zuò dàbā yào liǎngge xiǎoshí ne.
挺远的，坐大巴要两个小时呢。

小英 zhème yuǎn a! bùrú bāndào xuéxiào gōngyù ba.
这么远啊！不如搬到学校公寓吧。

永民 qíshí, zhōumò wǒ yǐjīng bāndào xuéxiào gōngyù le.
其实，周末我已经搬到学校公寓了。

小英 ní zěnme méiyǒu gàosu wǒ ne?
你怎么没有告诉我呢？

永民 wǒ bùxiǎng máfán nǐ ya!
我不想麻烦你呀！

小英 nǐde fángzi shì shénme yàngde?
你的房子是什么样的？

永民 fángjiān hěnxiǎo, búguò yángguāng chōngzú, gèzhǒng jiādiàn dōu hěn qíquán.
房间很小，不过阳光充足，各种家电都很齐全。

小英 ní mǎnyì ma?
你满意吗？

永民 wǒ tèbié mǎnyì. chúfáng la、wèishēngjiān la, yòu zhěngqí yòu gānjìng.
我特别满意。厨房啦、卫生间啦，又整齐又干净。

小英 yào wǒ bāngnǐ dǎsǎo ma?
要我帮你打扫吗？

永民 búyòng le, wǒ shì zháinán, xǐhuān yígerén mànmānr dǎsǎo.
不用了，我是宅男，喜欢一个人慢慢儿打扫。

小英 nǐ bǐwǒ nénggàn duō le!
你比我能干多了！

永民 yǐhòu, wǒ bùnéng zài chídào le.
以后，我不能再迟到了。

小英 gōngyù lí xuéxiào dàgài liǎngbǎimǐ, shífēnzhōng jiùdào le.
公寓离学校大概两百米，10分钟就到了。

永民 yòu jìn yòu fāngbiàn, wǒ měitiān kěyǐ shuì lǎnjiào le.
又近又方便，我每天可以睡懒觉了。

小英 nǐ zhège lǎnchóng!
你这个懒虫！

不过 [búguò] 그러나, 하지만
不过는 내용의 전환을 나타내는 접속사로서 뒷절에 쓰인다.

예 房间很小，不过阳光充足。방은 작지만 햇살은 가득해.

可是，但是보다 어감이 비교적 가벼워서 구어체에서 많이 쓰인다.

所以 [suǒyǐ] 그래서, 그러므로, 그런 까닭에, 때문에
보통 '因为[由于]…, 所以…'의 형태에서 뒷구절에 쓰여 결과나 결론을 나타낸다.

单词

坐	동	zuò	앉다, 타다
大巴	명	dàbā	대형 버스
地铁	명	dìtiě	지하철
不如	동	bùrú	~만 못하다, ~하는 편이 낫다
搬	동	bān	옮기다, 이사를 가다, 나르다
公寓	명	gōngyù	아파트, 하숙집, 단체 기숙사
其实	부	qíshí	사실은
告诉	동	gàosu	알리다, 말하다
麻烦	형	máfán	귀찮다, 성가시다, 번거롭다
阳光	명	yángguāng	햇빛
充足	형	chōngzú	충분하다
整齐	형	zhěngqí	깔끔하다, 정연하다
干净	형	gānjìng	깨끗하다
厨房	명	chúfáng	주방
卫生间	명	wèishēngjiān	화장실
各种	형	gèzhǒng	각종의, 갖가지의
家电	명	jiādiàn	家用电器 (가정용 전기제품)의 약칭
齐全	형	qíquán	완비하다, 완벽히 갖추다
满意	형	mǎnyì	만족하다
打扫	동	dásǎo	청소하다
宅男	명	zháinán	집에만 박혀있는 외톨남
近	형	jìn	가깝다
方便	형	fāngbiàn	편하다
懒觉	명	lǎnjiào	늦잠
懒虫	명	lǎnchóng	게으름뱅이, 게으른 놈

不能再…了 bùnéngzài…le 不能再 + 술어 + 了 더 이상 ~할 수 없다

02 주요표현

방이 내 것보다 조금
더 크고,
게다가 더 깔끔해
사진 속의 여자애는 누구야?
내 여자친구, 영어 전공인데
올해 졸업 했어
그녀는 외국기업에
가고 싶어 해
대기업은 월급도 많고
환경도 좋으니까
너무 예뻐, 복 터졌어, 일 하니?
아니 미국에서 연수하고 있어

02 邀请

yāo qǐng

초대

今天是周末，永民搬到学校附近的公寓，第一次邀请了小英。小英正好有空，去看看永民住的房子。

jīntiān shì zhōumò, yǒngmín bāndào xuéxiào fùjìn de gōngyù, dìyīcì yāoqǐng le xiǎoyīng. xiǎoyīng zhènghǎo yǒukòng, qù kànkan yǒngmín zhùde fángzi.

永民 xiǎoyīng, nǐkàn, wǒ zhùde fángzi zěnmeyàng?
小英，你看，我住的房子怎么样？

小英 búcuò ya! nǐde fángjiān bǐ wǒde dà yìdiǎnr, hái gèng gānjìng.
不错呀！你的房间比我的大一点儿，还更干净。

永民 bié kāiwánxiào le! ní xǐhuān hēchá háishì kāfēi?
别开玩笑了！你喜欢喝茶还是咖啡？

小英 wǒ hē kāfēi ba! yǒngmín, zhè zhàopiàn lǐde nǚháir shì shéi ya?
我喝咖啡吧！永民，这照片里的女孩儿是谁呀？

永民 ò! tāshì wǒde nǚpéngyǒu, xué yīngyǔde, jīnnián gāng bìyè.
哦！她是我的女朋友，学英语的，今年刚毕业。

小英 hǎo piàoliang a! nǐ zhēnyǒu fúqì! tā gōngzuò le ma?
好漂亮啊！你真有福气！她工作了吗？

永民 méiyǒu, tā zhèngzài měiguó yánxiū ne, dōngtiān huílái.
没有，她正在美国研修呢，冬天回来。

小英 xiànzài zhǎogōngzuò tài nánle. dàgōngsī dōu yāoqiú yīngyǔ huò hànyǔ hǎode.
现在找工作太难了。大公司都要求英语或汉语好的。

永民　shì a, tā xiǎngqù yìjiā wàiguóqǐyè gōngzuò. suǒyǐ yīngyǔ bìxū yōuxiù.
是啊，她想去一家外国企业工作。所以英语必须优秀。

小英　wàiqǐ shōurù gāo, huánjìng yě hǎo. jiāyóu a!
外企收入高，环境也好。加油啊！

永民　xièxie nǐde gǔlì!
谢谢你的鼓励！

小英　nǐmen shì zěnme rènshíde?
你们是怎么认识的？

永民　wǒmen shì xiǎoxué tóngxué, yòushì lǎoxiāng yòushì tóngmén.
我们是小学同学，又是老乡又是同门。

小英　yuánfèn a! xiàcì jièshào wǒ rènshi yíxià.
缘分啊！下次介绍我认识一下。

不错 [búcuò] 좋다, 괜찮다
好와 동일한 뜻으로 不错를 사용하면 好를 사용하는 것보다 감탄하거나 상대방을 격려하는 어감이 더 강하다.

或 [huò] 혹시, 혹은, 또는

예　英语或汉语。영어 혹은 중국어.

或(或者 huòzhě)는 단어와 단어, 절과 절을 연결하여 선택관계를 표현한다.
或는 주로 서면어에 쓰이며 或者는 주로 구어체에 쓰인다.

单词

邀请	동	yāoqǐng	초대하다
不错	형	búcuò	좋다, 괜찮다
开玩笑	동	kāiwánxiào	농담을 하다, 웃기다
照片	명	zhàopiàn	사진
女孩儿	명	nǚháir	여자, 여자아이
女朋友	명	nǚpéngyǒu	여자친구
刚	부	gāng	막, 바로 [행동이나 상황이 일어난 지 오래지 않음]
毕业	명,동	bìyè	졸업, 졸업하다
福气	명	fúqì	복, 행운
研修	명,동	yánxiū	연수(하다)
找	동	zhǎo	찾다
大公司	명	dàgōngsī	대기업
要求	명,동	yāoqiú	요구(하다)
或	부,접	huò	혹은, 또는
外国企业	명	wàiguóqǐyè	외국기업
所以	접	suóyǐ	인과관계의 문장에서 결과나 결론을 나타낸다
必须	부	bìxū	반드시 ~해야 한다
优秀	형	yōuxiù	우수하다, 뛰어나다
收入	명	shōurù	수입
环境	명	huánjìng	환경
认识	동	rènshí	알다
小学	명	xiǎoxué	초등학교
同学	명	tóngxué	동창, 동급생
老乡	명	lǎoxiāng	한 고향 사람, 동향인
又是		yòushì	또 ~이다
同门	명	tóngmén	동문
缘分	명	yuánfèn	인연, 연분

문법

"离" [lí] A는 B에서 ~하다

보기 학교에서 너무 멀어. 离学校太远了。

离는 '~로부터'라는 뜻의 개사인데, 공간적·시간적 거리의 기준점으로부터 얼마나 떨어져 있는지를 나타낸다.

연습하기

	정답
1. 너의 집은 학교에서 얼마나 멀어?	1. 你的家离学校有多远？
2. 상하이에서 베이징까지 아주 멀어.	2. 上海离北京很远。
3. 여기서 그다지 멀지 않아.	3. 离这里不太远。
4. 수업시간과 아직 10분 있어.	4. 离上课还有十分钟。

"挺…的" [tǐng …de] 꽤 ~하다

太…了, …极了, 다 매우라는 뜻으로, 정도의 차이를 나타낸다.

보기 집에서 꽤 멀어. 离家挺远的。

연습하기

	정답
1. 중국어는 꽤 어려워.	1. 汉语挺难的。
2. 이 문제는 꽤 쉬워.	2. 这道题挺简单的。
3. 그는 꽤 깔끔해.	3. 他挺干净的。
4. 그녀는 꽤 조용해.	4. 她挺安静的。

比…更… [bǐ…gèng…] A는 B보다 훨씬 ~하다

보기 너의 방은 내 것보다 조금 커, 게다가 훨씬 깨끗해.

你的房间比我的大一点儿，还更干净。

비교문에서 '어떠하다'라는 형용사술어 앞에는 부사를 붙일 수 있는데, 이때 很, 非常과 같은 일반부사는 쓸 수 없으며 更과 같은 비교부사를 써야 한다.
更은 '더욱'이라는 뜻을 가진 부사이다.

연습하기	정답
1. 오늘은 어제보다 더 더워.	1. 今天比昨天更热。
2. 이번 시험은 지난번보다 더 쉬워.	2. 这次考试比上次更简单。
3. 그녀는 나보다 훨씬 날씬해.	3. 他比我更瘦。
4. 인터넷 가격이 매장보다 훨씬 저렴해.	4. 网上的价格比卖场更便宜。

…啦、…啦 [···la、···la]

보기 주방이랑 화장실이랑, 가지런하고 깔끔해. 厨房啦、卫生间啦，又整齐又干净。

…啦、…啦는 두 가지 이상의 예를 들어 설명할 때 열거하는 성분 뒤에 쓰인다.
啦는 了와 啊의 합음으로 생겨난 어기조사로 회화에서 말투를 좀 더 부드럽게 표현하는데 역할을 한다.

연습하기	정답
1. 커피도 마시고 수다도 떨고 하면서 재미있어.	1. 喝咖啡啦、聊天啦，很有意思。
2. 우리 쇼핑도 하고 영화도 보러 가자	2. 我们去逛街啦、看电影啦。
3. TV랑 냉장고랑 세탁기랑 다 있어.	3. 电视啦、冰箱啦，都有。
4. 학생이랑 선생님이랑 다 기뻐해.	4. 学生啦、老师啦，都很高兴。

说一说(말하기 연습)

다음 그림을 보고 대답하세요.(간결하고 짧게 표현하기)

1. 你常坐地铁或公交车上学(上班)吗?
   nǐ cháng zuò dìtiě huò gōngjiāochē shàngxué(shàngbān) ma?
   당신은 자주 지하철이나 버스를 이용하여 학교(출근) 가나요?

2. 你坐公交车到学校(公司)多长时间?
   nǐ zuò gōngjiāochē dàoxuéxiào(gōngsī) duōcháng shíjiān?
   버스타고 학교(회사)까지 얼마 걸리죠?

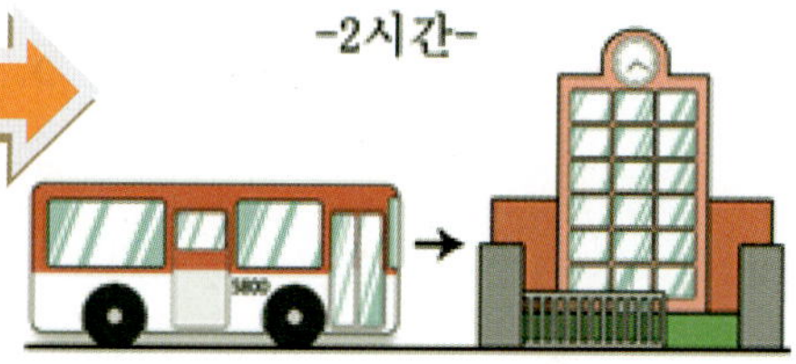

3. 你住的房子什么样的?
   nǐ zhùde fángzi shénmeyàng de?
   당신이 사는 집은 어때요?

4. 她是什么时候毕业的?

tā shì shénme shíhou bìyè de?

그녀는 언제 졸업했니?

5. 毕业后, 你想去大公司还是小公司?

bìyè hòu, nǐ xiǎngqù dàgōngsī háishì xiǎogōngsī?

졸업 후, 당신은 큰 회사에 가고 싶어요 아니면 작은 회사에 가고 싶어요?

참고답안

1. 你常坐地铁上学。
2. 我坐公交车到学校两个多小时。
3. 我住的房间很小, 不过阳光充足, 各种家电都很齐全。
4. 她是今年刚毕业的。
5. 我想去大公司。大公司工资高, 环境好。

입으로 바로 바로 나올 때까지!

대중교통에 관한 어휘

1. 공공버스
2. 지하철
3. 대형버스
4. 자가용

교통수단에 대한 표현

1. 버스를 타고 학교 가.
2. 지하철을 타고 출근해.
3. 자가용을 타고 회사 가.
4. 자전거를 타고 출근해.

거리에 대한 표현

1. 회사가 집에서 아주 가까워.
2. 집에서 학교까지 꽤 멀어.
3. 영화관에서 백화점까지 10분 가야해.
4. 버스타고 두 시간 걸려.

불만에 대한 표현

1. 교통체증이 너무 심해.
2. 지하철은 사람들이 붐벼.

정답

1. 公交车	2. 地铁
3. 大巴	4. 汽车(自驾车)
1. 坐公交车去学校。	2. 做地铁去上班。
3. 开自驾车去公司。	4. 骑自行车上班。
1. 公司离家很近。	2. 家离学校很远。
3. 从电影院去百货商场要十分钟。	4. 要坐两个小时公交车。
1. 堵车堵得厉害。	2. 地铁里人太多了。

쉬어 갈까요!!

[명대사 읽기]

28세 미성년(28岁未成年) 2016

애인 '마오(茅亮)'의 달콤한 청혼만을 십 년째 기다린 스물여덟 살 '량시아(凉夏)'는 그에게 차인 뒤 초콜릿을 먹고 다섯 시간 동안 겉모습은 그대로인 채, 마음만 열일곱 살 자신으로 돌아갈 수 있게 된 능력이 생기게 된다. 17세의 꿈을 가진, 열정만을 가진 '나'를 만나 잃어버린 자신과 열정을 찾아가는 영화.

凉夏(량시아):

其实这个世界太大，那些当初说着永远不分离的人，一次分开，就可能后会无期，天涯两忘。

Qíshí zhègè shìjiè tàidà, nàxiē dāngchū shuōzhe yǒngyuǎn bù fēnlí de rén, yícì fēnkāi, jiù kěnéng hòuhuìwúqī, tiān yá liǎngwàng.

사실 이 세상이 너무 커서 영원히 헤어지지 않겠다고 했던 사람들도 한 번의 헤어짐에 기약도 없이 아득히 멀어져 서로를 잊게 되겠지.

严岩(얀)： 我也有我自己的追求。

wǒyě yǒuwǒ zìjǐ de zhuīqiú.

나도 내가 하고 싶은 게 있어.

凉夏(량시아)：你有什么追求?

nǐyǒu shénme zhuīqiú?

그게 뭔데?

严岩(얀)： 过自己想过的生活呗。

guò zìjǐ xiǎngguò de shēnghuó bei.

내가 살고 싶은 삶을 사는 거야.

凉夏(량시아)：十年之后你就不会这么想了。

shínián zhīhòu nǐ jiù búhuì zhème xiǎng le.

십년 후에는 그렇게 생각 못 할 거야.

严岩(얀)： 这跟时间没有关系吧，除非是你自己放弃了。

zhè gēn shíjiān méiyǒu guānxì ba, chúfēi shì nǐ zìjǐ fàngqì le.

이건 시간이랑 상관이 없어, 너가 스스로 포기하지 않는다면.

当初 명 dāngchū 당초, 처음

永远 형 yǒngyuǎn 영원하다

后会无期 hòuhuìwúqī 언제 다시 만날지 기약할 수 없다

天涯两忘 tiānyáliǎngwàng 멀어져서 서로를 잊다

追求 명,동 zhuīqiú 추구, 추구하다

除非 접 chúfēi ~아니고서는

放弃 동 fàngqì 포기하다

07 你太幸运了

nǐ tài xìng yùn le

당신은 너무 행운입니다

학습 목표

- 부상에 관한 표현을 익힐 수 있다.
- 덕담에 대한 표현을 익힐 수 있다.

학습 내용

♪ **被자문** …에게 …를 당하다
♪ 把'자문 …을, …를
♪ 祝… …기를 기원하다

核心句 핵심문장

37. 谢谢你来看我。

xièxie nǐ lái kànwǒ.

38. 被一辆出租车撞到了。

bèi yíliàng chūzūchē zhuàngdào le.

39. 你太幸运了。

nǐ tài xìngyùn le.

40. 祝你早日恢复健康。

zhùnǐ zǎorì huīfù jiànkāng.

41. 苹果代表平平安安!

píngguǒ dàibiǎo píng píng ān ān!

42. 不小心把手割破了。

bùxiǎoxīn bǎ shǒu gēpòle.

01 주요표현

용민, 너가 입원했다 듣고
다들 너를 엄청 걱정하고 있어
날 보러와 줘서 고마워,
봐봐! 나 괜찮아
정말 위험했어! 다친 곳은 어때?
걱정 마, 의사가 골절은 아니라
고 하셨어

01 住院

zhùyuàn

입원

小慧	yǒngmín, tīngshuō nǐ zhùyuànle, dàjiā dōu hěn dānxīn nǐ. 永民，听说你住院了，大家都很担心你。
永民	xièxie nǐ lái kànwǒ, nǐkàn! wǒ méi shìr. 谢谢你来看我，你看！我没事儿。
小慧	àiyōu! nǐde shǒu hé gēbo dōu bèi cāshāng le ya? 哎呦！你的手和胳膊都被擦伤了呀？
永民	búyào dàjīng xiǎoguài de, zhèxiē dōushì xiǎoshāng. 不要大惊小怪的，这些都是小伤。
小慧	dàodǐ shì zěnme shāngdào de? 到底是怎么伤到的？
永民	zhēn dǎoméi, zuótiān guò mǎlù de shíhòu, bèi yíliàng chūzūchē zhuàngdào le. 真倒霉，昨天过马路的时候，被一辆出租车撞到了。
小慧	ā? shì nǐ chuǎng hóngdēng le ma? 啊？是你闯红灯了吗？
永民	nǎr a! shì nàwèi sījī kāide tài kuài le. 哪儿啊！是那位司机开得太快了。
小慧	hǎo wēixiǎn a! nǐ shāngde zěnmeyàng? 好危险啊！你伤得怎么样？

永民 biédānxīn, dàifu shuō, méiyǒu gǔzhé.
别担心，大夫说，没有骨折。

小慧 nǐ tài xìngyùn le. yǐhòu yídìng yào zhùyì ānquán a!
你太幸运了。以后一定要注意安全啊！

결과보어 到 [dào]

동사/형용사 뒤에 위치해서 동사와 형용사의 의미를 보충 설명해주거나, 동작이 이끌어낸 변화나 결과를 나타낸다.

예를 들면 **伤到**(다쳤다), **撞到**(부딪혔다)는 동작이 이끌어낸 결과에 도달했다는 의미를 나타낸다.

单词

听说	동 tīngshuō	듣는 바로는
住院	동 zhùyuàn	입원하다
担心	동 dānxīn	염려하다, 걱정하다
没事儿	méishìr	괜찮다, 무사하다
脸	명 liǎn	얼굴
胳膊	명 gēbo	팔
擦伤	명 cāshāng	찰과상, 찰상
大惊小怪	dàjīngxiǎoguài	별것 아닌 일에 크게 놀라다
小伤	명 xiǎoshāng	작은 상처
伤	명,동 shāng	상처, 다치다
到底	부 dàodǐ	도대체 [의문문에 쓰여 깊이 따지는 것을 나타냄]
倒霉	형 dǎoméi	재수가 없다, 불운하다
马路	명 mǎlù	대로, 큰길
被	동 bèi	…에게 …를 당하다
辆	양 liàng	대, 차량을 셀 때 쓰는 양사
出租车	명 chūzūchē	택시
撞	동 zhuàng	부딪치다
闯红灯	동 chuǎnghóngdēng	신호를 위반하다
司机	명 sījī	기사
危险	명,형 wēixiǎn	(위험)하다
大夫	명 dàifu / yīshēng	의사
骨折	동 gǔzhé	골절되다
幸运	명,형 xìngyùn	행운, 운이 좋다
注意安全	zhùyìānquán	안전에 주의하다

02 주요표현

넌 언제 퇴원할 수 있어?
병원은 너무 심심해서 난 내일 당장 퇴원하고 싶어
이건 내가 너한테 주는 선물이야, 빨리 건강을 회복하길 바라
정말 고마워 사과는 평안을 의미하지!
자, 내가 사과 깎아줄께
샤오후이, 너 손은 왜 그래?
조심성이 없게 손을 베었어

02 恢复健康

huī fù jiàn kāng

건강 회복해

小慧
nà, chūzūchē sījī zěnmeyàng le?
那，出租车司机怎么样了？

永民
tā yě hěndǎoméi, bózi niǔshāng le.
他也很倒霉，脖子扭伤了。

小慧
nǐ shénme shíhòu néng chūyuàn?
你什么时候能出院？

永民
yīyuàn tài wúliáo le, wǒ míngtiān jiùxiǎng chūyuàn.
医院太无聊了，我明天就想出院。

小慧
bié shǎ le! yídìng yào hǎohāor jiǎnchá yíxià.
别傻了！一定要好好儿检查一下。

永民
búyào a! wǒ zuì hàipà dǎzhēn le.
不要啊！我最害怕打针了。

小慧
dǎnxiǎoguǐ! zhèshì wǒ mǎide shuǐguǒ, zhùnǐ zǎorì huīfù jiàn kāng.
胆小鬼！这是我买的水果，祝你早日恢复健康。

永民
tài xièxie nǐ le. píngguǒ dàibiǎo píng píng ān ān!
太谢谢你了。苹果代表平平安安！

小慧
lái, wǒ bāngnǐ xiāopíngguǒ chī.
来，我帮你削苹果吃。

永民
xiǎohuì, nǐde shǒu zěnme le?
小慧，你的手怎么了？

小慧 wǒ bùxiǎoxīn bǎ shǒu gēpòle.
我不小心把手割破了。

永民 bènshǒu bènjiǎo de! láilái, kuài tiē yíge ‘bāngdí’.
笨手笨脚的！来来，快贴一个‘邦迪’。

小慧 ràng nǐ jiàn xiào la!
让你见笑啦！

祝~ [zhù] ~기를 기원하다, ~하기를 축복하다, 축하하다

예 **祝你成功。** 당신이 성공하기를 기원합니다.

啦! [la]

조사 ‘了(le)’와 ‘啊(a)’의 합음사로 양자의 의미를 겸유한다.

‘邦迪’ [bāngdí] 데일밴드

邦迪는 중국식 영어표현으로, 중국밴드 브랜드 중 가장 인지도 있는 제품 중의 한가지이다. ‘创可贴’ chuàngkětiē도 밴드라는 뜻이다.

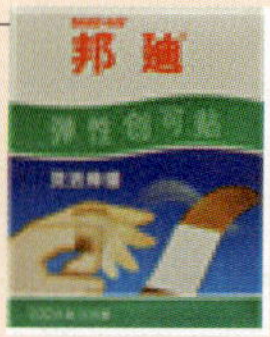

单词

脖子	명 bózi	목
扭伤	동 niǔshāng	삐다, 접질리다
出院	동 chūyuàn	퇴원하다
无聊	형 wúliáo	무료하다, 따분하다, 지루하다, 심심하다
傻	형 shǎ	어리석다
检查	명,동 jiǎnchá	(검사)하다
害怕	동 hàipà	무서워하다
打针	동 dǎzhēn	주사를 놓다
胆小鬼	명 dǎnxiǎoguǐ	겁쟁이
送	동 sòng	주다, 보내다
礼物	명 lǐwù	선물
祝	동 zhù	바라다, 축원하다
恢复健康	huīfùjiànkāng	건강을 회복하다
苹果	명 píngguǒ	사과
代表	명,동 dàibiǎo	대표, 대표하다, 의미하다
削	동 xiāo	껍질을 벗기다, 깎다
把	개 bǎ	~을(를)
割破	동 gēpò	자르다, 베어 상처를 내다
笨手笨脚	bènshǒubènjiǎo	동작이 느리고 더디다, 손재주가 없다, 서툴다
贴	동 tiē	붙이다
邦迪	명 bāngdí	데일밴드

문법

"被"자문 [bèi] …에게 …를 당하다.

보기 택시에 치였어. 被一辆出租车撞到了。

전치사 '被'(叫, 让)자를 써서 피동을 나타내는 문장을 의미한다. '被'자문은 동작의 결과, 정도, 시간 등을 설명하는데, 뜻대로 되지 않는다는 의미를 내포한다.
'被'자는 문장에서 주로 쓰이고, '叫'와 '让'은 회화에서 주로 쓰인다.

연습하기

1. 커피는 내가 마셔버렸어.
2. 선생님에게 혼이 났어.
3. 빵은 내가 먹어버렸어.
4. 자전거에 의해 다쳤어.

정답

1. 咖啡被我喝了。
2. 被老师教训了。
3. 面包被我吃了。
4. 被自行车伤到了。

"把"자문 [bǎ] ~을, 를

보기 부주의로 손을 베였어. 不小心把手割破了。

'把'자문은 동작이 어떤 사물을 어떻게 처리했는가와 그 처리 결과를 강조하여 설명할 경우에 주로 사용한다.

연습하기

1. 내가 커피를 마셨어.
2. 선생님이 나를 혼내줬어.
3. 내가 빵을 먹어버렸어.
4. 축구하다 발목을 삐었어.

정답

1. 我把咖啡喝了。
2. 老师把我教训了。
3. 我把面包吃了。
4. 踢足球把脚扭伤了。

说一说(말하기 연습)

제시된 그림을 보고 대답하세요.(간결하고 짧게 표현하기)

1. 你伤得怎么样?
nǐ shāngde zěnmeyàng?
얼마나 다쳤어요?

※ 踢 tī 차다
足球 zúqiú 축구

2. 你是怎么住院的?
nǐ shì zěnme zhùyuànde?
어떻게 입원하게 되었어요?

※ 骑 qí 타다
自行车 zìxíngchē 자전거

3. 你怎么了?
nǐ zěnme le?
어떻게 된 거예요?

※ 下 xià 내리다
楼梯 lóutī 계단

4. 你什么时候出院?
nǐ shénmeshíhòu chūyuàn?
당신은 언제 퇴원할 수 있어요?

참고답안

1. 我踢足球，不小心扭伤了脚。
2. 我骑自行车，不小心摔伤了。
3. 我下楼梯，不小心扭伤了。
4. 医院太无聊了，我明天就想出院。

입으로 바로 바로 나올 때까지!

부상에 관한 표현

1. 어떻게 다쳤어?
2. 얼마나 다쳤어?
3. 어떻게 입원했어?
4. 언제 퇴원해?

1. 부주의하여 찰과상을 입었어.
2. 부주의하여 발을 접질렸어.
3. 부주의하여 칼에 베였어.
4. 부주의하여 자전거에 부딪쳐 다쳤어.
5. 부주의하여 차에 치여 다쳤어.

병문안 덕담을 할 때

1. 빨리 건강 회복해.
2. 평안하기를 바라.

정답

1. 怎么伤到的？
2. 伤得怎么样？
3. 怎么住院的？
4. 什么时候出院？

1. 不小心擦伤了。
2. 不小心把脚扭(伤)了。
3. 不小心被刀割(破)了。
4. 不小心被自行车撞(伤)了。
5. 不小心被汽车撞(到)了。

1. 早日恢复健康!
2. 祝你平平安安!

쉬어 갈까요!!

[명대사 읽기]

표량적이혜진(漂亮的李慧珍) 2017

한국 드라마 〈그녀는 예뻤다〉 리메이크 작품으로 상하이 중심의 20,30대 중국 젊은이들의 생활을 엿볼 수 있는 드라마. 퀸카에서 시종으로 변한 이혜진(李慧珍)과 뚱땡이에서 킹카로 변한 백호우(白皓宇) 두 사람의 낭만적인 사랑이야기

相遇是一种缘分，擦肩而过也是一种缘分，甚至喜欢吃同样的东西，住在同一座城市，也都是一种缘分。

xiāng yù shì yì zhǒng yuán fèn, cā jiān ěr guò yě shì yì zhǒng yuán fèn, shèn zhì xǐ huān chī tóng yàng de dōng xī, zhù zài tóng yí zuò chéng shì, yě dōu shì yì zhǒng yuán fèn.

서로 만나게 된 것도 하나의 인연이고 스쳐 지나가는 것도 하나의 인연이야. 심지어 같은 음식 먹는 걸 좋아하는 것도, 같은 도시에 사는 것도 다 하나의 인연이지.

据说现在遭遇的所有不幸,将来都会有等量的幸福做为回报。
jù shuō xiàn zài zāo yù de suǒ yǒu bú xìng,jiāng lái dōu huì yǒu děng liàng de xìng fú zuò wéi huí bào.
지금 겪는 모든 불행들은 나중에 같은 양의 행복으로 보답 될 거라고 했어.

她要当童话作家，因为在童话里，不用飞机，就可以环游世界。
tā yào dāng tóng huà zuò jiā, yīn wèi zài tóng huà lǐ, bú yòng fēi jī, jiù kě yǐ huán yóu shì jiè.
그녀는 동화작가를 할거래. 동화에서는 비행기가 없어도 세계일주를 할 수 있으니까

越是珍惜的人，越要坦诚相待。
yuè shì zhēn xī de rén, yuè yào tǎn chéng xiāng dài.
더 아끼고 소중히 여기는 사람일수록 더 솔직하게 대해야 해

相遇 동 xiāngyù 만나다, 마주치다
擦肩而过 cājiānérguò 스쳐 지나가다
城市 명 chéngshì 도시
遭遇 동 zāoyù 만나다, 부딪히다
回报 명,동 huíbào 보답, 보답하다
作家 명 zuòjiā 작가
环游世界 huányóushìjiè 세계 일주, 세계를 여행하다
坦诚相待 tǎnchéngxiàngdài 솔직하고 성의 있게 대하다
缘分 명 yuánfèn 인연
甚至 부 shènzhì 심지어
据说 jùshuō 말하는 바에 의하면
等量 명 děngliàng 등량, 같은 양
童话 명 tónghuà 동화

08

祝越来越漂亮

zhù yuè lái yuè piào liàng

점점 더 예뻐지길 바랍니다

학습 목표

- 선물 주고 받을 때에 관한 표현을 익힐 수 있다.

학습 내용

♪ …的时候 …을 때

♪ 就 오직, 단지, 다만, 오로지, …뿐

核心句 핵심문장

43. 你的生日是什么时候啊?

nǐde shēngrì shì shénmeshíhòu a?

44. 正好是过年的时候。

zhènghǎo shì guòniánde shíhòu.

45. 祝你20岁生日快乐!

zhùnǐ èrshí suì shēngrì kuàilè!

46. 谢啦, 又让你破费了。

xiè la, yòu ràngnǐ pòfèi le.

47. 你做菜做得真好吃啊! 馋死我了。

nǐ zuòcài zuòde zhēn hǎochī a! chánsǐ wǒ le.

01 주요표현

너 생일이 언제야?
마침 설 무렵이야

생일 때, 어떤 선물을 가장 받고 싶어?
화장품, 액세서리, 귀여운 캐릭터 인형 같은 거

01 生日

shēng rì

생일

小英　yǒngmín, jīntiān shì xiǎohuì de shēngrì, nǐ jìde ma?
永民，今天是小慧的生日，你记得吗？

永民　dāngrán jìde! nǐkàn! wǒ hái zhǔnbèi le lǐwù ne.
当然记得！你看！我还准备了礼物呢。

小英　nǐ zhēn xìxīn, wǒmen kuàiqù qìngzhù yíxià ba.
你真细心，我们快去庆祝一下吧。

永民　kuài zǒu ba. ní mǎile shénme lǐwù ya?
快走吧。你买了什么礼物呀？

小英　zànshí bǎomì! yíhuìr nǐ jiù zhīdào le.
暂时保密！一会儿你就知道了。

永民　shénshénmìmìde! xiǎoyīng, nǐdeshēngrì shì shénmeshíhou a?
神神秘秘的！小英，你的生日是什么时候啊？

小英　wǒshì yīyuè chūshēng, zhènghǎo shì guònián de shíhou.
我是一月出生，正好是过年的时候。

永民　ní měinián zěnme guò shēngrì a?
你每年怎么过生日啊？

小英　gēn jiārén yìqǐguò a! chīfànlā、guàngjiēlā, měicì dōu chàbùduō.
跟家人一起过啊！吃饭啦、逛街啦，每次都差不多。

永民　nǐ guò shēngrì shí, zuì xiǎng shōudào shénme lǐwù?
你过生日时，最想收到什么礼物？

小英 wǒ zuì xǐhuān huàzhuāngpǐn、shǒushì、méngméngde kǎtōngwáwa shénme de.
我最喜欢化妆品、首饰、萌萌哒卡通娃娃什么的。

永民 xiàcì nǐde shēngrì, wǒhé xiǎohuì yídìng qù.
下次你的生日，我和小慧一定去。

小英 yǒngmín, hái jìde xiàtiān, nǐ guòshēngrìde nàyìtiān ma?
永民，还记得夏天，你过生日的那一天吗？

永民 dāngránjìde! nàtiān wǒmen zài zhájīdiàn hēle píjiǔ.
当然记得！那天我们在炸鸡店喝了啤酒。

小英 dàjiā dōu hēzuì le wánr de tài hāi le.
大家都喝醉了，玩儿得太嗨了!

萌萌哒 [méngméngda] 귀엽다, 귀요미

可爱와 같이 **萌萌**도 '귀엽다'라는 뜻으로 많이 쓰인다. 여기에 **哒**를 붙여 더 귀여움을 강조한다.

嗨 [hāi] 신나다

예 **太嗨了!** 정말 신난다!

嗨(HI)는 친구 사이 '안녕'이라는 인사로 쓰이기도 하지만 '즐겁다, 신나다'라는 표현으로도 쓰인다.

单词

记	동 jì	기억하다, 기록하다
当然	형,부 dāngrán	당연하다, 당연히
准备	동 zhǔnbèi	준비하다
礼物	명 lǐwù	선물
细心	형 xìxīn	세심하다
庆祝	동 qìngzhù	경축하다
暂时	명 zànshí	잠깐, 잠시
保密	동 bǎomì	비밀을 지키다
神秘	명,동 shénmì	신비(하다)
过年	동 guònián	설을 쇠다, 새해를 맞다
…的时候	deshíhou	~일 때, ~할 때
每次	명,부 měicì	매번
差不多	형 chàbùduō	큰 차이가 없다, 비슷하다
收到	동 shōudào	받다
萌萌哒	형 méngméngda	귀여운
卡通	명 kǎtōng	카툰, 만화, 애니메이션
娃娃	명 wáwa	인형
化妆品	명 huàzhuāngpǐn	화장품
首饰	명 shǒushì	액세서리
炸鸡店	명 zhájīdiàn	치킨집
啤酒	명 píjiǔ	맥주
喝醉	동 hēzuì	술에 취하다

02 주요표현

스무 살 생일 축하해
점점 더 예뻐지길 바래

야, 립스틱이네,
이건 내가 가장 좋아하는
브랜드야

오늘 내가 특별히 자신 있
는 몇 가지 요리를 했어

야, 요리 정말 맛있게 잘해

02 礼物

lǐ wù

선물

小慧的宿舍 xiǎohuìde sùshè

小英 xiǎohuì, zhùnǐ èrshí suì shēngrì kuàilè!

永民 小慧，祝你20岁生日快乐！

小慧 tài xièxiè nǐmen le! huānyíng wǒde guīmì, wǒde gēménr!

太谢谢你们了！欢迎我的闺蜜，我的哥门儿！

永民 zhèshì wǒ sòng nǐde shēngrì dàngāo, zhùnǐ yuèláiyuè piàoliàng.

这是我送你的生日蛋糕，祝你越来越漂亮。

小慧 xiè la, yòu ràng nǐ pòfèi le.

谢啦，又让你破费了。

永民 zhǐyào ní xǐhuān, wǒ jiù hěn gāoxìng le.

只要你喜欢，我就很高兴了。

小英 guīmì, zhèshì wǒ sòngnǐde lǐwù, dǎkāikànkàn, xǐhuān ma?

闺蜜，这是我送你的礼物，打开看看，喜欢吗？

小慧 ya! shì kǒuhóng a! zhègè páizi shìwǒ zuì xǐhuān de.

呀！是口红啊！这个牌子是我最喜欢的。

永民 nǐmen nǚháizi jiù xǐhuān huàzhuāngpǐn.

你们女孩子就喜欢化妆品。

小慧 guòlái zuòba! jīntiān, wǒ tèyì zuòle jǐyàng náshǒude cài.

过来坐吧！今天，我特意做了几样拿手的菜。

永民 wa! nǐ zuòcài zuòde zhēn hǎochī a! chán sǐ wǒ le.
哇！你做菜做得真好吃啊！馋死我了。

小慧 zhēnde hǎochīma? nàjiù duōchīdiǎnr, qiānwàn biékèqi.
真的好吃吗？那就多吃点儿，千万别客气。

永民 xiǎoyīng, xiǎohuì, zhème fēngshèng! nǐmen zěnme bùchī a?
小英，小慧，这么丰盛！你们怎么不吃啊？

小英 āi! wǒmen liǎ zhèngzài jiǎnféi ne.
哎！我们俩正在减肥呢。

永民 zuò měinǚ zhēn bùróngyì a! zhù nǐmen jiǎnféi chénggōng!
做美女真不容易啊！祝你们减肥成功！

快乐 [kuàilè]
생일이나 명절 등의 뒤에 '快乐'를 붙여 상대방을 축하하고 축원하는 인사말을 만들 수 있다.

闺蜜 [guīmì], **哥们儿** [gēménr]
闺蜜는 여자끼리 아주 가까운 친구. 일반적인 친구보다 더 가까운 절친. 남자, 이성간에는 사용하지 않음. 哥们儿도 친한 친구라는 뜻으로, 남자끼리 또는 여자 남자 가리지 않고 자주 호칭으로 표현한다.

单词

闺蜜	명	guīmì	(여자끼리의) 매우 친한 친구
哥门儿	명	gēmenr	친한 친구
送	동	sòng	보내다, 주다
生日蛋糕	명	shēngrìdàngāo	생일 케이크
破费	동	pòfèi	(돈·시간)을 쓰다, 들이다
礼物	명	lǐwù	선물
打开	동	dǎkāi	열다
口红	명	kǒuhóng	립스틱
牌子	명	páizi	브랜드
就	부	jiù	오직, 단지, 다만, 오로지, …뿐
特意	부	tèyì	특별히
几样	명	jǐyàng	몇 가지
拿手	형	náshǒu	자신 있다, 노련하다
菜	명	cài	요리, 반찬, 채소
哇	조	wa	와 (啊의 변음으로 감탄의 의미를 나타냄)
馋	형	chán	식욕이 많다, 게걸스럽다, 먹고 싶다
千万	부	qiānwàn	부디, 제발, 절대로
丰盛	형	fēngshèng	풍부하다, 푸짐하다
俩		liǎ	두 개, 두 사람
容易	형	róngyì	쉽다, 용이하다
成功	명,동	chénggōng	성공(하다)

문법

"…的时候" [deshíhou] …할 때, …일 때

어떤 사건이나 상황이 발생한 때를 나타내 주어 앞에 놓여 문장에서 부사어로 쓰인다.

'~的时候'의 앞에 와야 하는 문장성분은 반드시 동사성이어야 한다.
예를 들면 '吃饭的时候'에서 '吃饭'은 동사성의 구문 '밥을 먹다'이다.

'~的时候'의 앞에 명사를 사용한다면 이것은 틀린 표현인 것이다.
예를 들면 '学生的时候'는 '做学生的时候'로 바꿔야 한다.

연습하기

1. 학교에 도착했을 때 비가 내렸어.
2. 대학교 다닐 때 알게 되었어.
3. 집에 갈 때 친구를 만났어.
4. 쇼핑할 때 전화가 왔어.

정답

1. 到学校的时候，下雨了。
2. 上大学的时候，认识的。
3. 回家的时候，见到朋友。
4. 逛街的时候，来了电话。

※ 형용사 뒤에 '~的时候'를 붙여 '~할 때' 혹은 '~일 때'라는 표현을 만들 수 있다.
예를 들면 '날씨가 나쁠 때'는 '天气不好的时候'로 표현한다.

"就" [jiù] 오직, 단지, 다만, 오로지, …뿐

보기 여자들은 오로지 화장품만 좋아해. 女孩子就喜欢化妆品。

[부] 범위를 한정하며, '只(zhǐ)'·'仅(jǐn)'에 상당한다.

연습하기

1. 그는 단지 게임만 놀기 좋아해.
2. 그는 오로지 집에만 있고 밖에 나가지 않아.
3. 그는 오로지 고기만 먹고 채소를 안 먹어.
4. 그는 오로지 사람이 많은 것을 안 좋아해.

정답

1. 他就喜欢玩游戏。
2. 他就呆在家里不出去。
3. 他就吃肉不吃蔬菜。
4. 他就不喜欢人多。

说一说(말하기 연습)

제시된 그림을 보고 대답하세요.(간결하고 짧게 표현하기)

1. 谢谢你送我礼物。
   xièxiè nǐ sòngwǒ lǐwù.
   내게 선물 줘서 고마워요.

2. 你做菜做得真好吃啊!
   nǐ zuòcài zuòde zhēn hǎochī ɑ!
   넌 음식을 정말 맛있게 하네요.

3. 你过生日时，最想收到什么礼物?
   nǐ guò shēngrì shí，zuìxiǎng shōudào shénme lǐwù?
   당신은 생일 때, 무슨 선물을 가장 받고 싶어요?

4. 你今年生日怎么过的?

nǐ jīnnián shēngrì zěnme guòde?

당신은 올해 생일을 어떻게 지냈어요?

5. 今天是我奶奶八十大寿。

jīntiān shìwǒ nǎinai bāshí dàshòu.

오늘은 저의 할머니 팔순생신입니다.

※ 생일을 축하할 때 다양한 표현이 있다. 그 중에서도 할아버지, 할머니 등 연세가 많으신 분들의 생신을 축하할 때는 '祝你生日快乐'로 표현해서는 부족한 느낌이 있죠.
다음과 같은 표현을 사용해 볼까요.

祝老人家健康长寿! 어르신 건강하시고 장수하세요!

祝您长命百岁! 100세까지 오래오래 사세요!

祝您福如冬海, 寿比南山! 동해만큼 큰 복을 누리시고, 남산만큼 오래오래 사세요!

长寿 chángshòu
长命百岁 chángmìngbǎisuì
福如冬海 fúrúdōnghǎi
寿比南山 shòubǐnánshān

참고답안

1. 只要你喜欢, 我就很高兴了。
2. 我最喜欢化妆品、首饰、萌萌的卡通娃娃什么的。
3. 真的好吃吗? 那就多吃点儿, 千万别客气。
4. 跟朋友们在炸鸡店喝了啤酒。大家都喝醉了。
5. 祝老人家健康长寿。

입으로 바로 바로 나올 때까지!

생일에 관한 질문

1. 생일이 언제야?
2. 생일을 어떻게 지내?
3. 생일에 무슨 선물 받고 싶어?
4. 무슨 선물 샀어?

생일 축하할 때의 표현 '祝~'

1. 생일 축하해.
2. 젊고 예뻐지길 바라.
3. 건강하길 바라.
4. 공부 발전하기 바라.

고마움을 표현

1. 너무 고마워
2. 또 돈을 쓰고 그래.
3. 사양하지 마.
4. 주신 선물 너무 감사해.

답안

1. 生日是什么时候?
2. 生日怎么过?
3. 生日时，想收到什么礼物?
4. 买了什么礼物?

---

1. 祝你生日快乐!
2. 祝你年轻漂亮!
3. 祝你健康!
4. 祝你学习进步!

---

1. 太谢谢你了!
2. 又让你破费了!
3. 别客气啊!
4. 谢谢你送的礼物。

쉬어 갈까요!!

[명대사 읽기]

일천링이야 一千零一夜(2018)

착하지만 자존감이 낮은 주인공 링링치(凌凌七)가 뜻밖의 기회로 짝사랑하는 남자 보하이(柏海)의 꿈속에 들어갈 수 있는 능력을 얻게 되면서 벌어지는 이야기를 그린 드라마

生命有裂缝，才会有阳光照进来，没有永恒的黑夜，只有未到的黎明。
shēngmìng yǒu lièfèng, cái huì yǒu yángguāng zhàojìn lái, méiyǒu yǒnghéng de hēiyè, zhíyǒu wèidào de límíng.
삶에 갈라진 틈이 있어야 햇빛이 들어올 수 있어. 영원한 어두운 밤은 없고 아직 오지 않은 새벽만 있을 뿐이지.

因为我知道，虽然梦想会背叛我，但努力不会啊。
yīnwèi wǒ zhīdào, suīrán mèngxiǎng huì bèipàn wǒ, dàn nǔ lì búhuì ā.
왜냐하면 나는 비록 꿈이 날 배신할지라도 노력은 날 배신 안한다는걸 알기 때문이야.

请相信，世上的鲜花，一定会盛开的，美好的事物，也一定会接踵而来。
qǐng xiāngxìn, shìshàng de xiānhuā, yídìng huì shèngkāi de, měihǎo de shìwù, yě yídìng huì jiēzhǒng érlái.
믿어봐, 세상의 꽃들은 꼭 피어날 것이고 아름다운 일들도 꼭 잇달아 올 거야.

眼睛呢，是用来欣赏美好事物的，不要总盯着那些烦心事。
yǎnjīng ne, shì yònglái xīnshǎng měihǎo shìwù de, búyào zǒng dīngzhe nàxiē fánxīn shì.
눈은 말이야, 아름다운 것들을 감상하라고 있는 거니까 자꾸 그런 골치 아픈 일들은 쳐다보지 마.

凌凌七: 你第一次见到我的时候，有没有想过有一天会对我不能自拔？
nǐ dìyīcì jiàndào wǒ de shíhòu, yǒumeiyǒu xiǎngguò yǒuyìtiān huì duìwǒ bùnéng zìbá?
링링치: 날 처음 만났을 때 언젠가 나한테 푹 빠질 거라는 생각한 적 있어?

柏海: 没有。
méi yǒu
보하이: 아니

凌凌七: 你就不能哄哄我呀。
nǐ jiù bú néng hǒng hǒng wǒ ya.
링링치: 그냥 나 좀 달래주면 안되나.

柏海: 我以为我这辈子都不会再得到爱了，更不会遇见你。我爱你。
wǒ yǐwéi wǒ zhèbèizi dōu búhuì zài dédào ài le, gèng búhuì yùjiàn nǐ. wǒ ài nǐ.
보하이: 난 평생 사랑받지 못할 줄 알았고 더더욱 널 만날 줄 몰랐어. 사랑해.

柏海: 你说是不是因为老天爷不小心眨了眼睛，才让我爱上你的呀？
nǐ shuō shìbushì yīnwèi lǎotiānyé bùxiǎoxīn zhǎle yǎnjīng, cái ràng wǒ àishàng nǐ de ya?
보하이: 하느님이 실수로 눈을 깜빡여서 내가 널 사랑하도록 만든 게 아닐까?

凌凌七: 那你就是不小心爱上我的咯？
nà nǐ jiùshì bùxiǎoxīn àishàng wǒde lo?
링링치: 그러면 너는 날 실수로 사랑한 거네?

柏海: 遇见你是我这辈子最动人的意外。
yùjiàn nǐ shì wǒ zhèbèizi zuì dòngrén de yìwài.
보하이: 널 만난 건 내 생애 가장 설레는 우연이야.

裂缝 명 lièfèng 갈라진 금, 균열, 틈
黑夜 명 hēiyè 어두운 밤
黎明 명 límíng 여명, 새벽
盛开 동 shèngkāi 만발하다, 활짝 피다
欣赏 동 xīnshǎng 감상하다
烦心事 명 fán xīn shì 골치 아픈 일들
哄 동 hǒng 달래다, 속이다
老天爷 명 lǎotiānyé 하느님
动人 형 dòngrén 감동적이다, 설레다
永恒 형 yǒnghéng 영원하다
未到 형 wèidào 아직 오지 않은
背叛 동 bèipàn 배반하다
接踵而来 jiēzhǒngérlái 잇달아 오다
盯 동 dīng 시선을 한 곳에 집중하다, 주시하다
不能自拔 동 bùnéngzìbá 빠지다, 헤어 나올 수 없다
这辈子 명 zhèbèizi 일생, 평생
眨 동 zhǎ 깜빡거리다
意外 형,명 yìwài 뜻밖이다, 예상 밖이다, 예상 밖의 일

복습 02

快放假了

kuài fàng jià le

곧 방학입니다

寒假快到了。你有什么打算吗?

hánjià kuài dàole. ní yǒu shénme dǎsuàn ma?

겨울방학이 곧 다가옵니다. 당신은 무슨 계획이 있습니까?

跟你的搭档一起完成一段对话吧!

gēn nǐde dādang yìqǐ wánchéng yíduàn duìhuà ba!

파트너와 같이 대화를 만들어보세요.

다음 그림을 분석하고 대화를 완성해 보세요.

1.

冬天到了…

2.

就要考试了…

3.

放假以后…

4.

你呢?

要…了 [yào…le]
어떤 상황이 곧 변화하려고 하거나 혹은 새로운 상황이 곧 발생하려고 하는 것을 표현한다. 예를 들면 '就要考试了'는 '곧 시험을 치르다'의 뜻으로 要의 앞에 '就'나 '快'를 붙여서 시간의 촉박함을 나타낼 수도 있다.

참고단어

1. 冬天 dōngtiān 겨울
   下雪 xiàxuě 눈이 내리다
   冷 lěng 춥다
   雪人 xuě rén 눈사람

2. 一周后 yīzhōuhòu 일주일 뒤
   图书馆 túshūguǎn 도서관
   考试 kǎoshì 시험
   书 shū 책

3. 放假后计划 fàngjiàhòujìhua 방학계획
   旅游 lǚyóu 여행
   减肥 jiǎnféi 다이어트
   滑雪 huáxuě 스키 타다
   米线 mǐxiàn 미센(쌀국수)

대화 1

A

B

A

B

A

B

A

B

A

B

A

B

A

B

A

B

A

B

A

B

참고답안

1. 冬天到了，天气越来越冷了。外边下雪了。校园里有个小雪人。
2. 再过一个星期，就要考试了。图书馆都是复习的学生。小慧决心，这次一定好好准备！
3. 放假以后，永民打算去滑雪场。小慧要继续减肥。小英打算去中国云南旅游，吃米线。
4. 那么，你呢？有什么计划？

부록

본문 핵심문장 정리

1과

01. 秋天到了，天气越来越凉快了。
qiūtiān dào le, tiānqì yuèláiyuè liángkuài le.

02. 我特别喜欢秋天，不冷也不热。
wǒ tèbié xǐhuān qiūtiān, bùlěng yě búrè.

03. 我们去咖啡厅聊聊天儿吧。
wǒmen qù kāfēitīng liáoliaotiānr ba.

04. 我好像感冒了，头疼、流鼻涕、浑身不舒服。
wǒ hǎoxiàng gǎnmào le, tóuténg、liú bítì、húnshēn bù shūfu.

05. 一到换季就咳嗽、嗓子疼。
yídào huànjì jiù késou、sǎngzi téng.

06. 秋天，正是读书的好季节！
qiūtiān, zhèngshì dúshū de hǎo jìjié!

2과

07. 一边吃饭一边看电视呢。
yìbiān chīfàn yìbiān kàn diànshì ne.

08. 你汉语说得真好！
nǐ hànyǔ shuōde zhēn hǎo.

09. 哪里，哪里！我还差得远呢。
nálǐ, nálǐ! wǒ hái chàde yuǎn ne.

10. 不要着急，慢慢儿来。
búyào zháojí, mànmānr lái.

11. 只要多听、多说，一定能学好。
zhǐyào duōtīng、duōshuō，yídìng néng xuéhǎo.

12. 我的朋友都出国留学了。
wǒde péngyǒu dōu chūguó liúxué le.

3과

13. 我要么不吃，要么吃个三明治。
wǒ yàome bùchī，yàome chīgè sānmíngzhì.

14. 又简单又方便。
yòu jiǎndān yòu fāngbiàn

15. 我最爱吃紫菜包饭、方便面、汉堡包、盒饭什么的。
wǒ zuìàichī zǐcàibāofàn、fāngbiànmiàn、hànbǎobāo、héfàn shénme de

16. 我特别喜欢吃羊肉串儿，我们去尝一尝吧。
wǒ tèbié xǐhuān chī yángròuchuànér，wǒmen qù chángyìcháng ba.

17. 我会见见朋友，一起吃吃饭、逛逛街、看看电影什么的。
wǒhuì jiànjian péngyǒu，yìqǐ chīchifàn，guàngguangjiē，kànkan diànyǐng shénme de.

18. 一边喝咖啡一边聊聊学习。
yìbiān hēkāfēi yìbiān liáoliáo xuéxí

4과

19. 你好像变了似的。
ní hǎoxiàng biànle sìde.

20. 我个子1米65，现在体重55公斤。
wǒ gèzǐ yìmǐ liùwǔ，xiànzài tǐzhòng wǔshíwǔ gōngjīn.

21. 你的脸瘦了，身材也更苗条了。

nǐde liǎn shòule, shēncái yě gèng miáotiao le.

22. 我毕业后想当一名'空姐'!

wǒ bìyè hòu xiǎngdāng yìmíng 'kōngjiě '!

23. 我不是吃就是睡，真后悔。

wǒ búshì chī jiùshì shuì, zhēn hòuhuǐ.

24. 不但经常暴饮暴食，而且还吃夜宵。

búdàn jīngcháng bàoyǐnbàoshí, érqiě hái chī yèxiāo.

5과

25. 你怎么又迟到了？

nǐ zěnme yòu chídào le?

26. 堵车堵得厉害。

dǔchē dǔde lìhai.

27. 糟糕！太对不起了。

zāogāo! tài duìbùqǐ le.

28. 我今天请你吃'大餐'!

wǒ jīntiān qǐngnǐ chī 'dàcān'!

29. 完了，完了，咱俩今天考试肯定考砸了!

wánle, wánle, zánliǎ jīntiān kǎoshì kěndìng kǎozá le!

30. 糟糕的一天!

zāo gāo de yì tiān!

6과

31. 你家离学校多远?

nǐjiā lí xuéxiào duōyuǎn?

32. 厨房啦、卫生间啦，又整齐又干净。

chúfáng la、wèishēngjiān la，yòu zhěngqí yòu gānjìng.

33. 公寓离学校大概一百米，10分钟就到了。

gōngyù lí xuéxiào dàgài yìbǎimǐ，shífènzhōng jiù dàole.

34. 你的房间比我的大一点儿，还更干净。

nǐde fángjiān bǐ wǒde dà yìdiǎnr，hái gèng gānjìng.

35. 外企收入高，环境也好。

wàiqǐ shōurù gāo，huánjìng yě hǎo.

36. 又是老乡又是同门。

yòushì lǎoxiāng yòushì tóngmén.

7과

37. 谢谢你来看我。

xièxiè nǐ lái kànwǒ.

38. 被一辆出租车撞到了。

bèi yíliàng chūzūchē zhuàngdào le.

39. 你太幸运了。

nǐ tài xìngyùn le.

40. 祝你早日恢复健康。

zhùnǐ zǎorì huīfù jiànkāng.

41. 苹果代表平平安安！

píngguǒ dàibiǎo píng píng ān ān!

42. 不小心把手割破了。

bùxiǎoxīn bǎ shǒu gēpòle.

8과

43. 你的生日是什么时候啊?

nǐde shēngrì shì shénmeshíhòu a?

44. 正好是过年的时候。

zhènghǎo shì guòniánde shíhòu.

45. 祝你20岁生日快乐！

zhùnǐ èrshí suì shēngrì kuàilè!

46. 谢啦，又让你破费了。

xiè la, yòu ràngnǐ pòfèi le.

47. 你做菜做得真好吃啊！馋死我了。

nǐ zuòcài zuòde zhēn hǎochī a! chánsǐ wǒ le.

부록

본문 해석

1과 어떤 계절을 좋아합니까?

01 단풍 구경

샤오잉: 샤오리, 오랜만이야, 여름방학 잘 지냈어?

샤오후이: 그저 그래. 너는?

샤오잉: 에이, 올해 여름은 작년보다 더워서 난 계속 집에서 '방콕'했어.

샤오후이: 시간 정말 빨리 지나간다, 어느새 벌써 9월이야.

샤오잉: 가을이 와서 날씨가 점점 시원해지고 있어.

샤오후이: 봐봐, 산에 단풍잎이 다 빨갛게 물들었어.

샤오잉: 정말 예쁘다! 한국은 사계절이 분명한데 아쉽게도 가을이 너무 짧아.

샤오후이: 오늘 날씨 정말 시원해. 우리 카페 가서 얘기나 나누자.

샤오잉: 좋은 생각이야! 우리 이제 개학했으니까 잘 계획해봐야겠어.

샤오후이: 샤오잉, 너는 어느 계절을 가장 좋아해?

샤오잉: 나는 가을을 가장 좋아해, 춥지도 않고 덥지도 않아.

샤오후이: 맞아, 가을 하늘은 높고 공기는 맑아. 여행하기 가장 적절해.

샤오잉: 주말에 우리 같이 남산에 가서 단풍 보자.

샤오후이: 완전 좋아! 등산도 하고 게다가 다이어트도 할 수 있지.

샤오잉: 날씨예보에서 주말에 비 내릴 수 있데.

샤오후이: 괜찮아. 비 내리는 날 더 낭만적인 걸.

02 고질병

샤오잉: 샤오후이, 너 어디 불편해?

샤오후이: 나 감기 걸린 거 같아. 머리 아프고, 콧물 나오고 온몸이 불편해.

샤오잉: 병원 가봤어? 약 먹는 거 잊지 말고.

샤오후이: 걱정 마, 고질병이야.

샤오잉: 에휴! 나도 똑같아, 계절이 바뀔 때마다 기침하고 목이 아파.

샤오후이: 요즘 낮에는 덥고 아침저녁으로 쌀쌀하니까 따뜻하게 입고 다녀.

샤오잉: 개학해서 놀 수 있는 시간이 점점 적어지고 있어!

샤오후이: 매일 수업해서 늦잠도 못자겠어.

샤오잉: 지금부터 시작해서 나는 매일 일찍 자서 일찍 일어나고, 열심히 공부 해야겠어.

샤오후이: 나도 책을 많이 읽고 운동도 많이 하기로 결심했어.

샤오잉: 우리 같이 파이팅 하자!

샤오후이: 가을은 딱 책읽기 좋은 계절이야!

샤오잉: 가을은 또 수확의 계절이기도 하지!

2과 중국어 정말 잘합니다

01 많이 부족해

샤오후이: 샤오잉, 너 학교야 아니면 집이야?

샤오잉: 나 카페에 있어. 샤오후이, 너는 뭐해?

샤오후이: 난 집에서 심심해서 밥 먹으면서 TV 보고 있어.

샤오잉: 나는 동영상 보면서 중국어 공부 하고 있어.

샤오후이: 너 중국어 정말 잘한다! 네가 너무 부럽다!

샤오잉: 천만에! 아직 한참 멀었어.

샤오후이: 에휴, 난 벌써 2년 넘게 배우고 있는데 아직 성조가 정확하지 않아.

샤오잉: 급하게 하지 말고 천천히 해.

샤오후이: 고수님, 이 햇병아리를 도와줄 수 있어?

샤오잉: 당연히 문제없지. 많이 듣고 많이 말하기만 하면 반드시 잘 배울 수 있을 거야.

샤오후이: 너무 고마워, 너는 항상 어디에서 공부해?

샤오잉: 나는 카페에서 공부하는 걸 엄청 좋아해. 여기 환경이 엄청 낭만적이야.

샤오후이: 그럼, 우리 언제 만날래?

샤오잉: 난 보통 월요일, 수요일 저녁에는 다 시간 돼.

02 유학

샤오잉: 샤오후이, 너 중국어 점점 잘하는 거 같아.

샤오후이: 정말? 고수님 덕분이야. 나 꼭 계속해서 노력할게.

샤오잉: 매일 반복해서 듣고, 반복해서 말하는 게 가장 좋은 방법이야.

샤오후이: 네 말이 맞아, 반드시 많이 듣고 많이 말해야 해!

샤오잉: 자주 중국 사람들과 이야기를 나누면 말하기 실력을 더 빠르게 향상시킬 수 있어.

샤오후이: 사실, 나 내년에 중국으로 유학 갈 예정이야.

샤오잉: 정말? 나도 상하이에 가서 1년 있고 싶어.

샤오후이: 너 주위 친구들 중에 유학간 사람 많아?

샤오잉: 내 친구들 다 유학으로 일본, 미국, 중국 등 나라로 갔어.

샤오후이: 지금 사회의 경쟁은 너무 치열해.

샤오잉: 맞아, 다들 출국해야만 기회가 있다고 생각해.

샤오후이: 유학은 이미 하나의 트랜드야.

샤오잉: 우리 1년 동안 잘 준비해서 내년에 같이 가자.

3과 같이 가서 맛 좀 봅시다

01 인스턴트 식품

샤오후이: 용민, 너 매일 몇 시에 일어나?

용민: 나 아침에 늦잠 자느라 못 일어나.

샤오후이: 그럼, 너 아침밥 먹어?

용민: 난 안 먹든가 아니면 샌드위치 하나 먹어.

샤오후이: 나도 자주 인스턴트를 먹어, 간단하고 편하니까.

용민: 요즘 편의점의 인스턴트가 종류도 다양하고 매우 좋아.

샤오후이: 난 김밥, 라면, 햄버거, 도시락 등을 가장 좋아해.

용민: 너 평소 점심 어디서 먹어?

샤오후이: 난 보통 점심은 다 학생식당 가서 먹어, 너는?

용민: 난 친구랑 자주 학교 근처에 있는 패스트푸드 점에 가서 먹어.

샤오후이: 내가 듣기론 교문 앞에 새로 양꼬치집이 생겼다는데 인기가 엄청 좋데.

용민: 나 양꼬치 먹는 거 정말 좋아해, 우리 가서 한번 먹어보자.

샤오후이: 너 양꼬치가 중국 어느 도시 음식인지 알아?

용민: 하하, 이거 쉽지. 쓰촨 아니야?

샤오후이: 틀렸어, 신장의 음식이야.

02 여가시간

용민: 샤오후이, 수업 끝나고 저녁에 뭐해?

샤오후이: 집에 가서 TV 보면서 쉬어.

용민: 네가 가장 좋아하는 TV 프로그램은 뭐야?

샤오후이: 난 예능 프로그램이랑 드라마를 가장 좋아해.

용민: 난 평소에 스포츠 프로그램이랑 영화 보는 걸 더 좋아해.

샤오후이: 수업이 없을 때 너는 어디 가?

용민: 난 자주 친구들과 카페에서 만나, 우리 모두 그곳 낭만적인 분위기를 좋아해.

샤오후이: 커피 마시면서 공부에 관해 얘기를 나눌 수 있고 또 스트레스도 줄일 수 있어.

용민: 주말에 너는 집에서 쉬어?

샤오후이: 주말에 나는 친구 만나서 같이 밥도 먹고 쇼핑도 하고 영화 같은 거 봐.

용민: 내가 듣기론 이번 주말에 새 영화 한 편이 상영한다는데 너 보고 싶어?

샤오후이: 좋아! 나 엄청 오랫동안 영화를 안 봤어.

용민: 그럼 내가 영화 티켓 예매할 게. 토요일 저녁 7시 꺼야, 그때 꼭 만나!

샤오후이: 좋아! 네가 티켓 사, 난 팝콘이랑 콜라 쏠게.

4과 건강미인이 됩시다.

01 다이어트

샤오잉: 샤오후이, 너 변한 거 같아, 성형 했어?

샤오후이: 어딜 봐서, 난 계속 다이어트 하고 있는데 이제 10킬로그램 뺐어.

샤오잉: 너 키가 몇이야? 몸무게는 얼마야?

샤오후이: 나 키 165센치에 지금 몸무게 55킬로그램이야.

샤오잉: 어쩐지! 너 얼굴에 살이 빠졌고 몸매도 더 날씬해진걸.

샤오후이: 나 지금 몸무게가 55킬로그램이지만 나의 목표는 5킬로그램 더 빼는 거야.

샤오잉: 넌 키 크고 얼굴도 예뻐서 정말 '부럽고 질투 나고 얄미워'

샤오후이: 난 졸업하고 스튜어디스가 되고 싶어! 너 보기에 나 괜찮을 거 같아?

샤오잉: 넌 분명 문제없어, 이 직업에 정말 잘 어울려, 화이팅!

샤오후이: 나의 중국어 실력이 너무 형편없어, 나 좀 도와줘!

샤오잉: 문제없어! 내가 중국어 배우는 걸 도와줄 테니까 넌 나 다이어트 하는 거 독촉해줘.

샤오후이: 그럼! 내일부터 우리 같이 다이어트하자!

샤오잉: 약속한 거다!

02 미녀

샤오후이: 미녀는 지금 몸무게가 몇 킬로그램이야?

샤오잉: 봐봐, 나 지금 65킬로그램이야, 너무 뚱뚱해.

샤오후이: 괜찮아! 앞으로 적게 먹고 많이 운동해.

샤오잉: 에휴! 나 방학에 먹는 거 아니면 잤어. 정말 후회 돼.

샤오후이: 나도 전에는 생활 규칙이 없었어. 아침도 자주 안 먹고 저녁에는 엄청 배불리 먹었어.

샤오잉: 나는 더 엉망이야. 자주 폭음폭식 할 뿐만 아니라 게다가 야식도 자주 먹었어.

샤오후이: 이러한 식습관은 살찌는 가장 큰 원인이야.

샤오잉: 당연히 몸의 건강에도 직접적인 영향을 주지.

샤오후이: 앞으로 우리 식습관을 잘 조절하고 야식은 절대 먹으면 안 돼.

샤오잉: 맞아! 야식은 절대로 안 먹을 거야!

샤오후이: 산책은 가장 쉽고 편한 운동이야, 우리 매일 30분씩만 꾸준히 하자.

샤오잉: 미녀님의 말을 따르겠습니다! 네 말 다 들을게.

샤오후이: 좋아! 우리 같이 건강한 미녀가 되자!

5과 시험을 망쳤습니다.

01 네가 가장 의리 있어

해설: 오늘은 회화시험이 있는 날이다. 이번 시험은 자신의 파트너와 함께 본문을 외우는 것을 요구한다. 샤오후이의 파트너는 용민이다. 곧 시험이 시작되는데 용민은 아직도 수업에 오지 않았다. 샤오후이는 엄청 초조해서 용민에게 전화를 건다.

샤오후이: 여보세요! 용민아, 너 오늘 왜 또 지각이야?
용민: 샤오후이야! 미안해, 오늘 차가 굉장히 막혀.
샤오후이: 또 차 막혀? 짜증나 죽겠네.
용민: 내가 좀 일찍 도착했어야 했는데 너무 미안해.
샤오후이: 좀 있다가 회화시험 있는데 네가 내 파트너야!
용민: 이런! 걱정 마, 곧 도착해.
샤오후이: 빨리 와, 아직 시간이 좀 있어.
용민: 고마워, 역시 네가 가장 의리 있어.
샤오후이: 우리가 어떤 사인데!
용민: 널 고마워하기 위해 오늘 내가 크게 한 턱 쏠게!
샤오후이: 큰소리치기는!

02 재수 없는 하루

용민: 미안해 샤오후이야! 나 또 지각했어.
샤오후이: 애 타 죽는 줄 알았어! 또 차 막혔어?
용민: 응, 담에는 꼭 일찍 올게.
샤오후이: 좋아, 우리 먼저 시험 준비하자!
용민: 너 중국어 실력이 그렇게 좋은데 뭘 걱정해?
샤오후이: 말도 마. 이틀 동안 머리가 엄청 아팠어, 감기인 것 같아.
용민: 앗! 얼굴 창백한 게 병원 좀 가 봐.
샤오후이: 시험 마치고 집에 가서 좀 쉬고 싶어.
용민: 에휴! 죽었다! 나도 이사 하느라 제대로 준비 못 했어.
샤오후이: 망했다, 망했어, 우리 둘 다 오늘 시험 분명히 망칠 거야!
용민: 에휴, 정말 재수 없는 하루네.
샤오후이: 괜찮아, 다음번에 다시 노력하자.

6과 학교에서 꽤 멉니다

01. 가전제품이 완비해

샤오잉: 용민, 너 평소에 대형버스 타고 학교와 아니면 지하철을 타?
용민: 난 평소에 대형버스 타고 학교에 와, 그래서 오는 길에 차가 엄청 막혀.
샤오잉: 너희 집은 학교랑 얼마 멀어?
용민: 꽤 멀어. 대형버스를 두 시간 타야 해.
샤오잉: 그렇게나 멀어! 차라리 학교 기숙사로 이사 와.
용민: 사실, 주말에 나 이미 학교 기숙사에 이사 왔어.
샤오잉: 너 왜 나한테 말 안했어?
용민: 너 귀찮게 하기 싫어서!
샤오잉: 너의 방은 어떻게 생겼어?
용민: 방은 엄청 작아, 하지만 햇빛이 충분히 들어오고 여러 가지 가전제품들도 완벽히 갖춰져 있어.
샤오잉: 너는 만족해?
용민: 난 매우 만족해, 주방이랑, 화장실이랑, 엄청 깔끔하고 깨끗해.
샤오잉: 내가 청소하는 거 도와줄까?
용민: 괜찮아, 난 외톨남이라 혼자 천천히 청소하는 걸 좋아해.
샤오잉: 나보다 일 잘하는구나!
용민: 앞으로 나 더 이상 지각하면 안 돼.
샤오잉: 기숙사가 학교에서 약 100미터니까 10분만 걸으면 도착해.
용민: 가깝고 편하고, 나 이제 매일 낮잠 잘 수 있겠다.
샤오잉: 이 게으름뱅이야!

02 초대

용민: 샤오잉, 봐봐, 내가 사는 집 어때?
샤오잉: 괜찮네! 네 방이 내 방보다 좀 더 크고 더 깨끗해.
용민: 농담하지 마! 너 차 마실 거야 아니면 커피 마실래?
샤오잉: 난 커피 마실게! 용민, 이 사진 속에 여자는 누구야?
용민: 오! 내 여자 친구야, 영어전공이고 올해 막 졸업했어.
샤오잉: 엄청 예쁘다! 너 정말 복 터졌어! 취직은 했어?
용민: 아니, 지금 미국에서 연수하고 있어, 겨울에 돌아와.
샤오잉: 지금 일자리 찾는 게 너무 힘들어. 대기업들은 다 영어 또는 중국어 잘하는 사람을 요구해.
용민: 맞아, 내 여자 친구도 외국기업에서 일하고 싶어 해. 그래서 영어는 반드시 우수해야해.
샤오잉: 외국기업은 수입도 높고 환경도 좋지. 화이팅!
용민: 격려해줘서 고마워!
샤오잉: 너희는 어떻게 알게 되었어?
용민: 우리는 초등학교 동창이야, 그리고 같은 고향에 또 동문이야.
샤오잉: 인연이네! 다음에 나한테 소개시켜 줘.

7과 너무 행운입니다.

01 입원

샤오후이: 용민, 너가 입원했다 듣고 다들 너를 엄청 걱정하고 있어.
용민: 날 보러와 줘서 고마워, 봐봐! 나 괜찮아.
샤오후이: 어이쿠! 너 손이랑 팔에 다 찰과상을 입었어?
용민: 크게 놀랄 필요 없어, 이건 다 작은 상처야.
샤오후이: 도대체 어떻게 다친 거야?
용민: 정말 재수 없었어, 어제 길 건너다가 택시 한 대에 부딪혔어.
샤오후이: 아? 너가 빨간불에 건넌 거야?
용민: 아니! 그 기사분이 너무 빨리 운전하셨어.
샤오후이: 정말 위험했어! 다친 곳은 어때?
용민: 걱정 마, 의사가 골절은 아니라고 하셨어.
샤오후이: 정말 다행이다. 앞으로 꼭 안전에 주의해!

02 건강 회복해

샤오후이: 그럼, 택시 기사님은 어떠셔?
용민: 그 분도 재수 없게 목을 삐었어.
샤오후이: 넌 언제 퇴원할 수 있어?
용민: 병원은 너무 심심해서 난 내일 당장 퇴원하고 싶어.
샤오후이: 멍청한 소리 하지 마! 반드시 잘 검사해봐야 해.
용민: 싫어! 난 주사 맞는 걸 가장 무서워한다고.
샤오후이: 이 겁쟁이! 이건 내가 너한테 주는 선물이야, 빨리 건강을 회복하길 바라.
용민: 정말 고마워. 사과는 평안을 의미하지!
샤오후이: 자, 내가 사과 깎아줄게.
용민: 샤오후이, 너 손은 왜 그래?
샤오후이: 조심성이 없게 손을 베었어.
용민: 바보같이! 자, 빨리 밴드 붙여.
샤오후이: 웃긴 모습을 보였네!

8과 점점 더 예뻐지길 바랍니다

01 생일

샤오잉: 용민, 오늘 샤오후이의 생일인데 너 기억해?
용민: 당연히 기억하지! 봐! 나 선물도 준비했어.
샤오잉: 너 정말 세심하구나, 우리 얼른 가서 축하해주자.
용민: 빨리 가자. 넌 무슨 선물 샀어?
샤오잉: 아직까지는 비밀이야! 곧 알게 될 거야.
용민: 신비하게 굴기는! 샤오잉, 너의 생일은 언제야?
샤오잉: 나는 1월생이야, 딱 설 쉴 때야.
용민: 넌 매년 생일을 어떻게 지내?
샤오잉: 가족이랑 같이 보내지! 밥 먹고, 쇼핑하고, 매번 다 비슷해.
용민: 넌 생일 지낼 때 무슨 선물을 가장 받고 싶어?
샤오잉: 난 화장품, 액세서리, 귀여운 캐릭터 인형을 가장 좋아해.
용민: 다음 번 네 생일 때 나랑 샤오후이랑 꼭 갈게.
샤오잉: 용민, 여름 때 너 생일날을 기억해?
용민: 당연히 기억하지! 그날 우리 치킨집에서 맥주 마셨잖아.
샤오잉: 모두들 취했지. 완전 신나게 놀았지.

02 선물

샤오후이의 기숙사

샤오잉, 용민: 샤오후이, 20살 생일 축하해!
샤오후이: 다들 너무 고마워! 나의 가장 친한 친구들을 환영해!
용민: 이건 너에게 주는 생일 케이크야, 점점 더 예뻐지기를 바라.
샤오후이: 고마워, 또 돈 쓰게 했네.
용민: 너만 좋다면 나는 아주 기뻐.
샤오잉: 이건 내가 내 절친에게 주는 선물이야, 열어 봐봐, 맘에 들어?
샤오후이: 야! 립스틱이구나! 이 건 내가 가장 좋아하는 브랜드야.
용민: 너희 여자애들은 오로지 화장품을 좋아해.
샤오후이: 와서 앉아! 오늘 내가 특별히 몇 가지 자신 있는 요리를 했어.
용민: 와! 너 요리 정말 맛있게 한다! 벌써 침이 고인다.
샤오후이: 정말 맛있어? 그럼 많이 먹어, 절대 사양하지 마.
용민: 샤오잉, 샤오후이, 이렇게 푸짐한데 너희는 왜 안 먹어?
샤오잉: 에휴! 우리 둘이 지금 다이어트 중이야.
용민: 미녀 하는 게 쉽지 않구나! 너희 둘이 다이어트 성공하길 바라!

부록

본문 어휘

1과 무슨 계절을 좋아합니까?

01 단풍구경

好久不见 hǎojiǔbújiàn 오랜만이에요
暑假 shǔjià 여름방학
得 de 동사 뒤에 쓰여 가능을 나타냄
马马虎虎 mǎmǎhūhū 그저 그렇다
一直 yìzhí 계속해서, 쭉
家里蹲 jiālǐdūn 방콕족
着 zhe 동작 혹은 상태의 지속을 나타냄
一晃 yìhuǎng 어느덧, 어느새, 순식간에
越来越 yuèláiyuè 더욱더
凉快 liángkuài 시원하다, 서늘하다
枫叶 fēngyè 단풍잎
四季 sìjì 사계절
分明 fēnmíng 분명하다, 뚜렷하다, 명확하다
可惜 kěxī 아깝게도
短 duǎn 짧다
咖啡厅 kāfēitīng 카페
聊天儿 liáotiānr 잡담하다, 얘기를 나누다
主意 zhǔyi 방법, 생각, 의견
计划 jìhua 계획(하다)
最 zuì 가장
不…也不 bù…yěbù ~하지도 않고 ~하지도 않다
秋高气爽 qiūgāoqìshuǎng 가을 하늘은 높고 공기는 맑다
适合 shìhé 적합하다, 알맞다, 적절하다
旅行 lǚxíng 여행(하다)
南山 nánshān 남산
还 hái 또, 더, 게다가 [이미 지정된 범위 외에 더 증가하거나 보충됨]
爬山 páshān 등산하다
减肥 jiǎnféi 다이어트하다
会 huì ~할 가능성이 있다. ~할 것이다
更 gèng 더욱
浪漫 làngmàn 낭만적이다

02 고질병

舒服 shūfu 편안하다, 쾌적하다
好像 hǎoxiàng ~마치 한 것 같다
感冒 gǎnmào 감기(에 걸리다)
头疼 tóuténg 두통, 머리가 아프다
流 liú 흐르다
鼻涕 bítì 콧물
浑身 húnshēn 온몸
不舒服 bùshūfu 불편하다
药 yào 약
担心 dānxīn 염려하다, 걱정하다
老毛病 lǎomáobìng 고질, 지병
一…就… yī…jiù… ~하자마자 ~하다, ~하기만 하면 ~하다
换季 huànjì 환절기, 계절이 바뀌다
咳嗽 késou 기침(하다)
嗓子 sǎngzi 목, 목소리, 목청
疼 téng 아프다
凉 liáng 서늘하다, 차갑다
注意 zhùyì 주의하다
保暖 bǎonuǎn 보온하다, 따뜻하게 유지하다
玩儿 wánr 놀다, 여가를 즐기다
睡懒觉 shuìlǎnjiào 늦잠을 자다
开始 kāishǐ 시작(하다)
早睡早起 zǎoshuìzǎoqǐ 일찍 자고 일찍 일어나다
努力 nǔlì 노력(하다)
决心 juéxīn 결심(하다), 다짐(하다)
浪费 làngfèi 낭비하다
加油 jiāyóu 힘을 내다, 응원하다
收获 shōuhuò 수확, 성과, 수확하다

2과 중국어 정말 잘 합니다

01 많이 부족해

…还是… …háishi… 또는, 아니면(의문문에 쓰여 선택을 나타냄)
无聊 wúliáo 지루하다, 심심하다
视频 shìpín 동영상
羡慕 xiànmù 부러워하다
哪里 nǎlǐ 천만에요, 뭘요
差得远 chàdeyuǎn 거리가 멀다, 차이가 많다, 아직 멀었다
声调 shēngdiào 성조
标准 biāozhǔn 표준. 기준. 잣대.
着急 zháojí 조급해하다. 안타까워하다. 초조해하다
慢 màn 느리다
帮 bāng 돕다
当然 dāngrán 당연하다, 당연히. 물론
只要 zhǐyào ~하기만 하면
一定 yídìng 일정하다, 반드시, 꼭
环境 huánjìng 환경
浪漫 làngmàn 낭만적이다
什么时候 shénmeshíhòu 언제
一般 yìbān 같다, 보통이다, 일반적이다
空 kōng/kòng 비다, 공허하다, 비워놓다/비우다, (시간 따위를) 내다

02 유학

帮助 bāngzhù 돕다, 도움
继续 jìxù 계속(하다)
努力 nǔlì 노력(하다)
反复 fǎnfù 반복하다
办法 bànfǎ 방법
必须 bìxū 반드시 ~해야 한다
提高 tígāo 향상시키다, 높이다
其实 qíshí 사실은
打算 dǎsuàn 생각, 계획, 계획하다, ~할 작정이다

留学 liúxué 유학(하다)
呆 dāi 머무르다
周围 zhōuwéi 주위
出国 chūguó 출국하다
社会 shèhuì 사회
竞争 jìngzhēng 경쟁(하다)
激烈 jīliè 격렬하다, 치열하다
觉得 jué·de ~라고 느끼다, ~라고 여기다
才 cái 오직~ 해야만, 비로소
机会 jīhuì 기회
一种 yìzhǒng 일종(의), 한 종류
时尚 shíshàng 트랜드, 유행

3과 우리 가서 맛 좀 봅시다

01 인스턴트 식품

方便食品 fāngbiànshípǐn 인스턴트(instant) 식품
睡 shuì 자다
懒觉 lǎnjiào 늦잠
要么~要么~ yàome ~yàome ~ ~ 하든지 아니면 ~하든지
三明治 sānmíngzhì 샌드위치
便利店 biànlìdiàn 편의점
种类 zhǒnglèi 종류
丰富 fēngfù 풍부하다, 많다
~极了 jíle 매우·엄청 ~이다
紫菜包饭 zǐcàibāofàn 김밥
方便面 fāngbiànmiàn 라면
汉堡包 hànbǎobāo 햄버거
盒饭 héfàn 도시락
~什么的 shénmede ~등등, ~같은 것
一般 yìbān 보통
附近 fùjìn 부근
快餐店 kuàicāndiàn 패스트푸드점
新开 xīn kāi 새로 열다
一家 yìjiā 한 집
羊肉串儿 yángròuchuànr 양꼬치
火 huǒ 핫하다, 인기 많다
尝 cháng 맛보다
城市 chéngshì 도시
美食 měishí 맛있는 음식
简单 jiǎndān 간단하다
四川 sìchuān 쓰촨, 사천
错 cuò 틀리다
新疆 xīnjiāng 신장

02 여가시간

闲暇 xiánxiá 한가한 시간, 틈, 짬, 여가
放松 fàngsōng 쉬다, 릴렉스하다
综艺节目 zōngyìjiémù 예능 프로그램
连续剧 liánxùjù 드라마
体育节目 tǐyùjiémù 스포츠 프로그램
电影 diànyǐng 영화
浪漫 làngmàn 낭만적이다. 로맨틱하다
气氛 qìfen 분위기
减轻 jiǎnqīng 경감하다, 가볍게 하다
压力 yālì 스트레스
呆在 dāizài 집안에 틀어박히다
逛街 guàngjiē 쇼핑하다, 돌아다니다
上映 shàngyìng 상영하다
预定 yùdìng 예매하다, 예약하다
电影票 diànyǐngpiào 영화 티켓
不见不散 bújiànbúsàn 꼭 만나요, 만날 때 까지 기다릴게요
爆米花 bàomǐhuā 팝콘

4과 건강미인 합시다

01 다이어트

好像…似的 hǎoxiàng 마치 …과 같다
美容 měiróng 미용
减肥 jiǎnféi 다이어트하다
公斤 gōngjīn 킬로그램(kg)
个子 gèzi 키
体重 tǐzhòng 체중
难怪 nánguài 어쩐지. 그러기에
身材 shēncái 몸매
苗条 miáotiao 날씬하다
不过 búguò 그런데, ~에 불과하다
目标 mùbiāo 목표
毕业 bìyè 졸업(하다)
当 dāng 담당하다, 맡다
空姐 kōngjiě 항공승무원, 스튜어디스, 空中小姐(여승무원)의 약칭
行 xíng 괜찮다
职业 zhíyè 직업
适合 shìhé 적합하다, 어울리다
可是 kěshì 그러나, 하지만, 그런데
督促 dūcù 독촉하다
一言为定 yìyánwéidìng 한 마디로 정하다, 약속하다

02 미녀

美女 měi nǚ 미녀
太…了 tài…le 엄청·정말 ~하다
胖 pàng 뚱뚱하다
不是…就是… búshì …jiùshì … ~이 아니면 ~이다, ~이든가 ~이든가 이다
后悔 hòuhuǐ 후회하다
规律 guīlǜ 규칙
饱 bǎo 배부르다
糟糕 zāogāo 엉망이 되다
不但…而且… búdàn …érqiě … ~할 뿐만 아니라, 게다가(더

욱이) ~(하다.)
暴饮暴食 bàoyǐnbàoshí 폭음폭식하다
夜宵 yèxiāo 야식
不良 bùliáng 좋지 않다. 불량하다
发胖 fāpàng 살찌다, 뚱뚱해지다
饮食习惯 yǐnshíxíguàn 식습관
原因 yuányīn 원인
直接 zhíjiē 직접, 직접적인
影响 yǐngxiǎng 영향, 영향을 주다
调节 tiáojiē 조절(하다)
坚决 jiānjué (태도·행동 등이) 단호하다
散步 sànbù 산책하다
坚持 jiānchí 견지하다, 고집하다
遵命 zūnmìng 명령에 따르다
让 ràng ~게 하다
健康美女 jiàn kāng měi nǚ 건강 미녀

5과 시험을 망쳤습니다

01 네가 가장 의리있어

口语 kǒuyǔ 회화
考试 kǎoshì 시험
要求 yāoqiú 요구(하다)
搭当 dādàng 파트너. 짝. 협력자
背 bèi 외우다
着急 zháojí 조급해하다, 초조해하다
给 gěi ~에게
堵车 dǔchē 교통 체증
厉害 lìhai 대단하다. 굉장하다. 극심하다.
烦死 fánsǐ 짜증나 죽겠다
马上 mǎshàng 곧. 즉시. 바로. 금방
糟糕 zāogāo 이런, 아뿔싸, 아차
紧张 jǐnzhāng 긴장하다
够意思 gòuyìsi 친구답다. 의리가 있다
咱俩 zánliǎ 우리 둘
谁跟谁 shuígēnshuí 각별한 사이이다, 둘도 없는 사이이다
为了 wèile ~를 위하여
大餐 dàcān 성찬, 푸짐한 음식
吹牛(皮)! chuīniúpí 허풍을 치다, 큰소리치다, 거짓말을 하다

02 재수없는 하루

急死 jísǐ 초조해 죽겠다, 애타 죽다
担心 dānxīn 걱정하다
提 tí (얘기를) 꺼내다
疼 téng (몸이 쑤시고)아프다
厉害 lìhài 대단하다, 굉장하다, 심하다, 지독하다
脸色 liǎnsè 안색, 얼굴색, 혈색
苍白 cāngbái 창백하다
死定了 sǐdìngle 딱 걸렸어! 죽었구나
搬家 bānjiā 이사하다
完(了) wánle 끝장났다, 망했다
咱俩 zánliǎ 우리 둘
肯定 kěndìng 분명히, 확실히
考砸 kǎozá 시험을 망치다
糟糕 zāogāo 엉망이 되다
下次 xiàcì 다음번, 이 다음
努力 nǔlì 노력, 노력하다

6과 학교에서 꽤 멉니다

01 가전제품이 완비해

坐 zuò 앉다, 타다
大巴 dàbā 대형 버스
地铁 dìtiě 지하철
不如 bùrú ~만 못하다, ~하는 편이 낫다
搬 bān 옮기다, 이사를 가다, 나르다
公寓 gōngyù 아파트, 하숙집. 단체 기숙사
其实 qíshí 사실은
告诉 gàosu 알리다, 말하다
麻烦 máfán 귀찮다. 성가시다. 번거롭다.
阳光 yángguāng 햇빛
充足 chōngzú 충분하다
整齐 zhěngqí 깔끔하다, 정연하다
干净 gānjìng 깨끗하다
厨房 chúfáng 주방
卫生间 wèishēngjiān 화장실
各种 gèzhǒng 각종의. 갖가지의
家电 jiādiàn 家用电器 (가정용 전기제품)의 약칭
齐全 qíquán 완비하다. 완벽히 갖추다
满意 mǎnyì 만족하다
打扫 dǎsǎo 청소하다
近 jìn 가깝다
方便 fāngbiàn 편하다
懒觉 lǎnjiào 늦잠
懒虫 lǎnchóng 게으름뱅이. 게으른 놈

02 초대

邀请 yāoqǐng 초대하다
开玩笑 kāiwánxiào 농담을 하다, 웃기다
照片 zhàopiàn 사진
女孩儿 nǚháir 여자, 여자아이
女朋友 nǚpéngyǒu 여자친구
刚 gāng 막, 바로[행동이나 상황이 일어난 지 오래지 않음]
毕业 bìyè 졸업, 졸업하다
福气 fúqì 복, 행운
研修 yánxiū 연수(하다)
找 zhǎo 찾다
大公司 dàgōngsī 대기업
要求 yāoqiú 요구(하다)
或 huò 혹시, 혹은, 또는

外国企业 wàiguóqǐyè 외국기업
所以 suǒyǐ 인과관계의 문장에서 결과나 결론을 나타낸다
必须 bìxū 반드시 ~해야 한다
优秀 yōuxiù 우수하다, 뛰어나다
收入 shōurù 수입
环境 huánjìng 환경
认识 rènshí 알다
小学 xiǎoxué 초등학교
同学 tóngxué 동창, 동급생
老乡 lǎoxiāng 동향 사람, 동향인
又是 yòushì 또 ~이다
同门 tóngmén 동문
缘分 yuánfèn 인연, 연분

07 당신은 너무 행운입니다

01 입원

听说 tīngshuō 듣는 바로는
住院 zhùyuàn 입원하다
担心 dānxīn 염려하다. 걱정하다
没事儿 méishìr 괜찮다. 무사하다.
脸 liǎn 얼굴
胳膊 gēbo 팔
擦伤 cāshāng 찰과상, 찰상
大惊小怪 dàjīngxiǎoguài 별것 아닌 일에 크게 놀라다
小伤 xiǎoshāng 작은 상처
伤 shāng 상처, 다치다
到底 dàodǐ 도대체 [의문문에 쓰여 깊이 따지는 것을 나타냄]
倒霉 dǎoméi 재수가 없다. 불운하다
马路 mǎlù 대로, 큰길
被 bèi …에게 …를 당하다
辆 liàng 대, 차량을 셀 때 쓰는 양사
出租车 chūzūchē 택시
撞 zhuàng 부딪치다
闯红灯 chuǎnghóngdēng 신호를 위반하다
司机 sījī 기사
危险 wēixiǎn (위험)하다
大夫 dàifu／医生 yīshēng 의사
骨折 gǔzhé 골절되다
幸运 xìngyùn 행운, 운이 좋다
注意安全 zhùyìānquán 안전에 주의하다

02 건강 회복해

脖子 bózi 목
扭伤 niǔshāng 삐다, 접질리다
出院 chūyuàn 퇴원하다
无聊 wúliáo 무료하다. 따분하다. 지루하다. 심심하다
傻 shǎ 어리석다
检查 jiǎnchá (검사)하다
害怕 hàipà 무서워하다

打针 dǎzhēn 주사를 놓다
胆小鬼 dǎnxiǎoguǐ 겁쟁이
送 sòng 주다, 보내다
礼物 lǐwù 선물
祝 zhù 바라다, 축원하다
恢复健康 huīfùjiànkāng 건강을 회복하다
苹果 píngguǒ 사과
代表 dàibiǎo 대표, 대표하다, 의미하다
削 xiāo 껍질을 벗기다, 깎다
把 bǎ ~을(를)
割破 gēpò 자르다, 베어 상처를 내다
笨手笨脚 bènshǒubènjiǎo 동작이 느리고 더디다, 손재주가 없다, 서툴다
贴 tiē 붙이다
邦迪 bāngdí 데일밴드

8과 점점 더 예뻐지길 바랍니다

01 생일

记 jì 기억하다, 기록하다
当然 dāngrán 당연하다, 당연히
准备 zhǔnbèi 준비하다
礼物 lǐwù 선물
细心 xìxīn 세심하다
庆祝 qìngzhù 경축하다
暂时 zànshí 잠깐, 잠시
保密 bǎomì 비밀을 지키다
神秘 shénmì 신비(하다)
过年 guònián 설을 쇠다, 새해를 맞다
的时候 deshíhou ~일 때 , ~할 때
每次 měicì 매번
差不多 chàbùduō 큰 차이가 없다, 비슷하다
收到 shōudào 받다
萌萌的(哒) méngméngde(da) 귀여운
卡通 kǎtōng 카툰, 만화, 애니메이션
娃娃 wáwa 인형
化妆品 huàzhuāngpǐn 화장품
首饰 shǒushì 액세서리
炸鸡店 zhájīdiàn 치킨집
啤酒 píjiǔ 맥주
喝醉 hēzuì 술에 취하다

02 선물

闺蜜 guīmì (여자끼리의) 매우 친한 친구
哥门儿 gēmenr 친한 친구
送 sòng 보내다, 주다
生日蛋糕 shēngrìdàngāo 생일 케이크
破费 pòfèi (돈·시간)을 쓰다, 들이다
礼物 lǐwù 선물
打开 dǎkāi 열다

口红 kǒuhóng 립스틱
牌子 páizi 브랜드
就 jiù 오직, 단지, 다만, 오로지, …뿐
特意 tèyì 특별히
几样 jǐyàng 몇 가지
拿手 náshǒu 자신 있다, 노련하다
菜 cài 요리, 반찬, 채소
哇 wa 와
馋 chán 식욕이 많다, 게걸스럽다, 먹고 싶다
千万 qiānwàn 부디, 제발, 절대로
丰盛 fēngshèng 풍부하다, 푸짐하다
俩 liǎ 두 개, 두 사람
容易 róngyì 쉽다, 용이하다
成功 chénggōng 성공(하다)

복습1

早上 zǎoshàng 아침
起床 qǐchuáng 일어나다
闹钟 nàozhōng 알람
响 xiǎng 울리다
醒 xǐng 깨다
急忙 jímáng 황급히
穿衣服 chuān yīfu 옷을 입다
跑 pǎo 뛰다
公交车站 gōngjiāochēzhàn 버스정거장
一个人也没有 yí gè rén yě méi yǒu 한 사람도 없다
手机 shǒujī 핸드폰
星期天 xīngqītiān 일요일

복습2

冬天 dōngtiān 겨울
冷 lěng 춥다
下雪 xiàxuě 눈이 내리다
雪人 xuě rén 눈사람
一周后 yìzhōuhòu 일주일 뒤
考试 kǎoshì 시험
图书馆 túshūguǎn 도서관
书 shū 책
放假后计划 fàngjiàhòujìhua 방학계획
滑雪 huáxuě 스키 타다
旅游 lǚyóu 여행
米线 mǐxiàn 미셴(쌀국수)
减肥 jiǎnféi 다이어트

B

把 bǎ ~을(를)
搬 bān 옮기다, 이사를 가다, 나르다
搬家 bānjiā 이사하다
办法 bànfǎ 방법
饱 bǎo 배부르다
保密 bǎomì 비밀을 지키다
爆米花 bàomǐhuā 팝콘
暴饮暴食 bàoyǐnbàoshí 폭음폭식하다
帮 bāng 돕다
邦迪 bāngdí 데일밴드
帮助 bāngzhù 돕다, 도움
保暖 bǎonuǎn 보온하다, 따뜻하게 유지하다
背 bèi 외우다
被 bèi …에게 …를 당하다
笨手笨脚 bènshǒubènjiǎo 동작이 느리고 더디다, 손재주가 없다, 서툴다
鼻涕 bítì 콧물
必须 bìxū 반드시 ~해야 한다
毕业 bìyè 졸업(하다)
便利店 biànlìdiàn 편의점
标准 biāozhǔn 표준. 기준. 잣대
脖子 bózi 목
不但…而且… búdàn …érqiě … ~할 뿐만 아니라, 게다가(더욱이) ~(하다.)
不过 búguò 그런데, ~에 불과하다
不见不散 bújiànbúsàn 꼭 만나요, 만날 때 까지 기다릴게요
不是…就是… búshì …jiùshì … ~이 아니면 ~이다, ~이든가 ~이든가 이다
不良 bùliáng 좋지 않다. 불량하다
不如 bùrú ~만 못하다, ~하는 편이 낫다
不舒服 bùshūfu 불편하다
不…也不 bù…yěbù ~하지도 않고 ~하지도 않다

C

擦伤 cāshāng 찰과상, 찰상
才 cái 오직~ 해야만, 비로소
菜 cài 요리, 반찬, 채소
苍白 cāngbái 창백하다
差不多 chàbùduō 큰 차이가 없다, 비슷하다
差得远 chàdeyuǎn 거리가 멀다, 차이가 많다, 아직 멀었다
馋 chán 식욕이 많다, 게걸스럽다, 먹고 싶다
尝 cháng 맛보다
成功 chénggōng 성공(하다)
城市 chéngshì 도시
充足 chōngzú 충분하다
出国 chūguó 출국하다
出院 chūyuàn 퇴원하다

出租车 chūzūchē 택시
厨房 chúfáng 주방
穿衣服 chuān yīfu 옷을 입다
闯红灯 chuǎnghóngdēng 신호를 위반하다
吹牛(皮)! chuīniúpí 허풍을 치다, 큰소리치다, 거짓말을 하다
错 cuò 틀리다

D

搭当 dādàng 파트너. 짝. 협력자
打开 dǎkāi 열다
打扫 dǎsǎo 청소하다
打算 dǎsuàn 생각, 계획, 계획하다, ~할 작정이다
打针 dǎzhēn 주사를 놓다
大巴 dàbā 대형 버스
大餐 dàcān 성찬, 푸짐한 음식
大公司 dàgōngsī 대기업
大惊小怪 dàjīngxiǎoguài 별것 아닌 일에 크게 놀라다
呆 dāi 머무르다
呆在 dāizài 집안에 틀어박히다
代表 dàibiǎo 대표, 대표하다, 의미하다
大夫 dàifu 의사
担心 dānxīn 염려하다, 걱정하다
胆小鬼 dǎnxiǎoguǐ 겁쟁이
倒霉 dǎoméi 재수가 없다. 불운하다
到底 dàodǐ 도대체 [의문문에 쓰여 깊이 따지는 것
当 dāng 담당하다, 맡다
当然 dāngrán 당연하다, 당연히. 물론
得 de 동사 뒤에 쓰여 가능을 나타냄
的时候 deshíhou ~일 때 , ~할 때
地铁 dìtiě 지하철
电影 diànyǐng 영화
电影票 diànyǐngpiào 영화 티켓
冬天 dōngtiān 겨울
督促 dūcù 독촉하다
堵车 dǔchē 교통 체증
短 duǎn 짧다

F

发胖 fāpàng 살찌다, 뚱뚱해지다
烦死 fánsǐ 짜증나 죽겠다
反复 fǎnfù 반복하다
方便 fāngbiàn 편하다
方便面 fāngbiànmiàn 라면
方便食品 fāngbiànshípǐn 인스턴트(instant)
放松 fàngsōng 쉬다, 릴렉스하다
放假后计划 fàngjiàhòujìhua 방학계획
分明 fēnmíng 분명하다, 뚜렷하다, 명확하다
丰盛 fēngshèng 풍부하다, 푸짐하다
丰富 fēngfù 풍부하다, 많다
枫叶 fēngyè 단풍잎
福气 fúqì 복, 행운
附近 fùjìn 부근

G

干净 gānjìng 깨끗하다
感冒 gǎnmào 감기(에 걸리다)
刚 gāng 막, 바로[행동이나 상황이 일어난 지 오래지 않음]
告诉 gàosu 알리다, 말하다
胳膊 gēbo 팔
哥门儿 gēménr 친한 친구
割破 gēpò 자르다, 베어 상처를 내다
个子 gèzǐ 키
各种 gèzhǒng 각종의. 갖가지의
给 gěi ~에게
更 gèng 더욱
公斤 gōngjīn 킬로그램(kg)
公交车站 gōngjiāochēzhàn 버스정거장
公寓 gōngyù 아파트, 하숙집. 단체 기숙사
够意思 gòuyìsi 친구답다. 의리가 있다
骨折 gǔzhé 골절되다
规律 guīlǜ 규칙
闺蜜 guīmì (여자끼리의) 매우 친한 친구
过年 guònián 설을 쇠다, 새해를 맞다
逛街 guàngjiē 쇼핑하다, 돌아다니다

H

还 hái 또, 더, 게다가 [이미 지정된 범위 외에 더 증가하거나 보충됨]
…还是… …háishì… 또는, 아니면(의문문에 쓰여 선택을 나타냄)
害怕 hàipà 무서워하다
汉堡包 hànbǎobāo 햄버거
好久不见 hǎojiǔbújiàn 오랜만이에요
好像 hǎoxiàng ~마치 한 것 같다
好像…似的 hǎoxiàng 마치 …과 같다
喝醉 hēzuì 술에 취하다
盒饭 héfàn 도시락
后悔 hòuhuǐ 후회하다
滑雪 huáxuě 스키 타다
化妆品 huàzhuāngpǐn 화장품
恢复健康 huīfùjiànkāng 건강을 회복하다
会 huì ~할 가능성이 있다. ~할 것이다
浑身 húnshēn 온몸
火 huǒ 핫하다, 인기 많다

或 huò 혹시, 혹은, 또는
环境 huánjìng 환경
换季 huànjì 환절기, 계절이 바뀌다

J

机会 jīhuì 기회
激烈 jīliè 격렬하다, 치열하다
~极了 jíle 매우·엄청 ~이다
急忙 jímáng 황급히
急死 jísǐ 초조해 죽겠다, 애타 죽다
几样 jǐyàng 몇 가지
记 jì 기억하다, 기록하다
计划 jìhua 계획(하다)
继续 jìxù 계속(하다)
紧张 jǐnzhāng 긴장하다
近 jìn 가깝다
竞争 jìngzhēng 경쟁(하다)
家电 jiādiàn 家用电器 (가정용 전기제품)의 약칭
家里蹲 'jiālǐdūn' 방콕족
加油 jiāyóu 힘을 내다, 응원하다
假期 jiàqī 휴일
坚持 jiānchí 견지하다, 고집하다
坚决 jiānjué (태도·행동 등이) 단호하다
简单 jiǎndān 간단하다
检查 jiǎnchá (검사)하다
减肥 jiǎnféi 다이어트하다
减轻 jiǎnqīng 경감하다, 가볍게 하다
健康美女 jiàn kāng měi nǚ 건강 미녀
就 jiù 오직, 단지, 다만, 오로지, …뿐
觉得 jué·de ~라고 느끼다, ~라고 여기다
决心 juéxīn 결심(하다), 다짐(하다)

K

咖啡厅 kāfēitīng 카페
开始 kāishǐ 시작(하다)
卡通 kǎtōng 카툰, 만화, 애니메이션
开玩笑 kāiwánxiào 농담을 하다, 웃기다
考试 kǎoshì 시험
考砸 kǎozá 시험을 망치다
咳嗽 késou 기침(하다)
可是 kěshì 그러나, 하지만, 그런데
可惜 kěxī 아깝게도
肯定 kěndìng 분명히, 확실히
空 kōng/kòng 비다, 공허하다, 비워놓다/비우다, (시간 따위를) 내다
空姐 kōngjiě 항공승무원, 스튜어디스, 空中小姐(여승무원)의 약칭

口红 kǒuhóng 립스틱
口语 kǒuyǔ 회화
快餐店 kuàicāndiàn 패스트푸드점

L

懒觉 lǎnjiào 늦잠
懒虫 lǎnchóng 게으름뱅이. 게으른 놈
浪费 làngfèi 낭비하다
浪漫 làngmàn 낭만적이다
老毛病 lǎomáobìng 고질, 지병
老乡 lǎoxiāng 동향 사람, 동향인
冷 lěng 춥다
礼物 lǐwù 선물
厉害 lìhai 대단하다. 굉장하다. 극심하다.
俩 liǎ 두 개, 두 사람
连续剧 liánxùjù 드라마
脸 liǎn 얼굴
脸色 liǎnsè 안색, 얼굴색, 혈색
聊天儿 liáotiānr 잡담하다, 얘기를 나누다
凉 liáng 서늘하다, 차갑다
凉快 liángkuài 시원하다, 서늘하다
辆 liàng 대, 차량을 셀 때 쓰는 양사
流 liú 흐르다
留学 liúxué 유학(하다)
旅行 lǚxíng 여행(하다)
旅游 lǚyóu 여행

M

麻烦 máfán 귀찮다. 성가시다. 번거롭다.
马马虎虎 mǎmǎhūhū 그저 그렇다
马路 mǎlù 대로, 큰길
马上 mǎshàng 곧. 즉시. 바로. 금방
满意 mǎnyì 만족하다
慢 màn 느리다
没事儿 méishìr 괜찮다. 무사하다.
每次 měicì 매번
美女 měi nǚ 미녀
美容 měiróng 미용
美食 měishí 맛있는 음식
萌萌的(哒) méngméngde(da) 귀여운
米线 mǐxiàn 미셴(쌀국수)
苗条 miáotiao 날씬하다
目标 mùbiāo 목표

N

拿手 náshǒu 자신 있다, 노련하다
哪里 nǎlǐ 천만에요, 뭘요
难怪 nánguài 어쩐지. 그러기에
南山 nánshān 남산
闹钟 nàozhōng 알람
扭伤 niǔshāng 삐다, 접질리다
努力 nǔlì 노력(하다)
女孩儿 nǚháir 여자, 여자아이
女朋友 nǚpéngyǒu 여자친구

P

爬山 páshān 등산하다
牌子 páizi 브랜드
跑 pǎo 뛰다
胖 pàng 뚱뚱하다
啤酒 píjiǔ 맥주
苹果 píngguǒ 사과
破费 pòfèi (돈·시간)을 쓰다, 들이다

Q

其实 qíshí 사실은
齐全 qíquán 완비하다. 완벽히 갖추다
起床 qǐchuáng 일어나다
气氛 qìfen 분위기
千万 qiānwàn 부디, 제발, 절대로
清爽 qīngshuǎng 상쾌하다, 시원하다
庆祝 qìngzhù 경축하다
秋高气爽 qiū gāo qì shuǎng 가을 하늘은 높고 공기는 맑다

R

让 ràng ~게 하다
认识 rènshí 알다
容易 róngyì 쉽다, 용이하다

S

三明治 sānmíngzhì 샌드위치
散步 sànbù 산책하다
嗓子 sǎngzi 목, 목소리, 목청
司机 sījī 기사
死定了 sǐdìngle 딱 걸렸어! 죽었구나
四川 sìchuān 쓰촨, 사천
四季 sìjì 사계절
傻 shǎ 어리석다
伤 shāng 상처, 다치다
上映 shàngyìng 상영하다
社会 shèhuì 사회
身材 shēncái 몸매
~什么的 shénmede ~등등
什么时候 shénmeshíhòu 언제
神秘 shénmì 신비(하다)
声调 shēngdiào 성조
生日蛋糕 shēngrìdàngāo 생일 케이크
时尚 shíshàng 트랜드, 유행
适合 shìhé 적합하다, 알맞다, 적절하다
视频 shìpín 동영상
收到 shōudào 받다
收获 shōuhuò 수확, 성과, 수확하다
收入 shōurù 수입
手机 shǒujī 핸드폰
首饰 shǒushì 액세서리
书 shū 책
舒服 shūfu 편안하다, 쾌적하다
暑假 shǔjià 여름방학
谁跟谁 shuígēnshuí 각별한 사이이다, 둘도 없는 사이다
睡 shuì 자다
睡懒觉 shuìlǎnjiào 늦잠을 자다
所以 suǒyǐ 인과관계의 문장에서 결과나 결론을 나타낸다
送 sòng 주다, 보내다

T

太…了 tài…le 엄청·정말 ~하다
疼 téng 아프다
特意 tèyì 특별히
提 tí (얘기를) 꺼내다
提高 tígāo 향상시키다, 높이다
体育节目 tǐyùjiémù 스포츠 프로그램
体重 tǐzhòng 체중
调节 tiáojié 조절(하다)
贴 tiē 붙이다
听说 tīngshuō 듣는 바로는
同门 tóngmén 동문
同学 tóngxué 동창, 동급생
头疼 tóuténg 두통, 머리가 아프다
图书馆 túshūguǎn 도서관

W

哇 wa 와

娃娃 wáwa 인형
外国企业 wàiguóqǐyè 외국기업
完(了) wánle 끝장났다, 망했다
玩儿 wánr 놀다, 여가를 즐기다
危险 wēixiǎn (위험)하다
味道 wèidào 맛
为了 wèile ~를 위하여
卫生间 wèishēngjiān 화장실
无聊 wúliáo 지루하다, 심심하다

X

细心 xìxīn 세심하다
下次 xiàcì 다음번, 이 다음
下雪 xiàxuě 눈이 내리다
新疆 xīnjiāng 신장
新开 xīn kāi 새로 열다
星期天 xīngqītiān 일요일
行 xíng 괜찮다
醒 xǐng 깨다
幸运 xìngyùn 행운, 운이 좋다
闲暇 xiánxiá 한가한 시간, 틈, 짬, 여가
羡慕 xiànmù 부러워하다
响 xiǎng 울리다
削 xiāo 껍질을 벗기다, 깎다
小伤 xiǎoshāng 작은 상처
小学 xiǎoxué 초등학교
雪人 xuě rén 눈사람

Y

压力 yālì 스트레스
研修 yánxiū 연수(하다)
阳光 yángguāng 햇빛
羊肉串儿 yángròuchuànr 양꼬치
邀请 yāoqǐng 초대하다
要求 yāoqiú 요구(하다)
药 yào 약
要么~要么~ yàome ~yàome ~ ~ 하든지 아니면 ~하든지
夜宵 yèxiāo 야식
一…就… yī…jiù… ~하자마자 ~하다, ~하기만 하면 ~하다
医生 yīshēng 의사
一定 yídìng 일정하다, 반드시, 꼭
一个人也没有 yí gè rén yě méi yǒu 한 사람도 없다
一般 yìbān 같다, 보통이다, 일반적이다
一晃 yìhuǎng 어느덧, 어느새, 순식간에
一家 yìjiā 한 집
一言为定 yìyánwéidìng 한 마디로 정하다, 약속하다
一直 yìzhí 계속해서, 쭉
一种 yìzhǒng 일종(의), 한 종류
一周后 yìzhōuhòu 일주일 뒤
阴 yīn 흐리다
饮食习惯 yǐnshíxíguàn 식습관
影响 yǐngxiǎng 영향, 영향을 주다
优秀 yōuxiù 우수하다, 뛰어나다
又是 yòushì 또 ~이다
预定 yùdìng 예매하다, 예약하다
缘分 yuánfèn 인연, 연분
原因 yuányīn 원인
越来越 yuèláiyuè 더욱더

Z

咱俩 zánliǎ 우리 둘
暂时 zànshí 잠깐, 잠시
糟糕 zāogāo 엉망이 되다, 이런, 아뿔싸, 아차
早上 zǎoshàng 아침
早睡早起 zǎoshuìzǎoqǐ 일찍 자고 일찍 일어나다
炸鸡店 zhájīdiàn 치킨집
着急 zháojí 조급해하다. 안타까워하다. 초조해하다
找 zhǎo 찾다
照片 zhàopiàn 사진
着 zhe 동작 혹은 상태의 지속을 나타냄
整齐 zhěngqí 깔끔하다, 정연하다
直接 zhíjiē 직접, 직접적인
职业 zhíyè 직업
只要 zhǐyào ~하기만 하면
主意 zhúyì 방법, 생각, 의견
祝 zhù 바라다, 축원하다
注意 zhùyì 주의하다
注意安全 zhùyìānquán 안전에 주의하다
住院 zhùyuàn 입원하다
准备 zhǔnbèi 준비하다
撞 zhuàng 부딪치다
周围 zhōuwéi 주위
种类 zhǒnglèi 종류
紫菜包饭 zǐcàibāofàn 김밥
综艺节目 zōngyìjiémù 예능 프로그램
最 zuì 가장
遵命 zūnmìng 명령에 따르다
坐 zuò 앉다, 타다